Télé-Réalités

Du même auteur

Le Meilleur des perles du show-biz, Michel Lafon, 2001.

Bernard Montiel
avec
Bertrand Tessier

Télé-Réalités

Flammarion

ISBN 2-08-068540-6

À ma seule famille :
mes parents, mes trois frères
et ma sœur.

Je ne suis pas sûr d'avoir bon goût,
mais j'ai le dégoût très sûr.

André Gide.

Avant-propos

Un *hara-kiri* en direct. On croyait que j'étais l'homme des sujets, verbes, compliments, mais, un jour, j'ai vidé mon sac. Et j'ai été vidé.

Il faut être fier de soi, et je ne l'étais plus. J'avais l'impression de pouvoir faire mieux, mais on ne m'en donnait pas l'opportunité.

*

J'ai réalisé beaucoup de mes rêves.

J'ai même fait plus que les réaliser car j'ai vécu une vie que le petit enfant que j'étais n'aurait jamais imaginée. La télévision est entrée par hasard dans mon parcours, mais elle est aujourd'hui mon métier, ma passion, ma vie.

Hélas, ce rêve-là tournait mal. J'étais en train de me perdre, enfermé dans une émission qui me lassait et une image qui m'accablait. Je me sentais condamné à subir les choses – tout ce que je déteste. Une sorte d'instinct de survie m'a donc poussé à me rebeller.

Quitte à en payer le prix fort.

★

Je ne suis ni aigri, ni amer, ni triste.

Je ne regrette rien, même si je pense qu'on aurait pu accueillir mes propos avec davantage d'humour.

Ainsi, l'autre dimanche, je suis tombé par hasard sur *Vidéo-Gag*. J'ai regardé Sébastien Folin et Olivia Adriacco sans le moindre pincement au cœur. Cette émission était sortie de ma tête depuis bien longtemps : j'avais presque oublié que je l'avais présentée pendant treize ans.

★

Aujourd'hui, je réapprends à vivre sans filet. J'avance, de nouveaux challenges s'offrent à moi.

Le pire, dans la vie, c'est la routine.

En somme, non, je ne regrette rien.

Première partie

L'affaire

Chapitre 1

Chronique d'une catastrophe annoncée

L'attachée de presse de TF1 avait insisté. Elle voulait absolument que je participe à l'émission de Jean-Marc Morandini sur RMC Infos. Je lui avais fait remarquer qu'il valait mieux attendre une spéciale de *Vidéo-Gag*, programmée à 20 h 50, comme on en fait deux ou trois par an, mais elle n'en démordait pas :

— C'est une bonne émission, ce serait bien que tu la fasses !

Jean-Marc Morandini, je ne savais même pas qu'il faisait de la radio. À l'époque où il animait *Tout est possible*, je l'avais croisé deux ou trois fois à TF1. Charmant. Bien élevé. Exactement ce qu'on demande aux gens quand on ne fait que les croiser. Il avait eu son heure de gloire, mais il s'était fait piéger : la chaîne l'avait identifié à un genre d'émission qu'elle avait fini par ne plus assumer.

Il s'était fait virer brutalement, et j'avais été gêné par le lynchage médiatique dont il avait été l'objet.

— Tout le monde y va. Les invités ont le temps de s'exprimer.

Pour une fois que TF1 me proposait de participer à une émission, j'ai accepté. À une époque, Starling, la société de production de *Vidéo-Gag*, avait dû engager une attachée de presse indépendante tellement notre programme était le cadet des soucis du service de presse de la chaîne.

*

La date proposée par le bureau de Morandini était le lundi 10 février 2003.

Pas de problème : après un week-end au festival de Luchon, j'avais prévu d'être à Paris.

Rendez-vous à 11 h 45. L'heure me convenait. Non pas que je sois un lève-tard – même quand je me couche à 3 heures du matin, je me réveille à 8 h 30 –, mais le matin j'ai pris l'habitude de rester chez moi. C'est le moment où les gens savent qu'ils peuvent me joindre.

*

Les studios de RMC sont désormais installés à Issy-les-Moulineaux. Je prends ma voiture.

Sur l'autoradio, je cherche la fréquence, histoire de me mettre dans l'ambiance. Je dois avouer ne jamais écouter la radio, excepté France-Info. Je tombe sur une émission de dialogue animée par Christian Spitz, l'ex-Doc. L'ambiance est décontractée mais dynamique, je suis frappé par le langage adopté. Vrai, naturel. Les mots de la rue, rien à voir avec l'univers aseptisé de la télé.

En me garant, j'ai une pensée pour mon père. Il est diabétique, et le remplaçant de son médecin lui a donné un mauvais produit. Résultat, on l'a conduit, dans la nuit, à l'hôpital de Bordeaux. Pas question de donner l'impression d'être chiffonné : quand les choses me touchent vraiment, je les garde au fond de moi et ne laisse rien paraître.

⋆

À mon arrivée, Jean-Marc Morandini vient m'accueillir avec le directeur des programmes, Frank Lanoux. Politesses d'usage.

— Ça me fait plaisir de te voir. Je sais que tu as ton franc-parler, n'hésite pas à dire ce que tu penses. Ici, on n'hésite pas à casser la langue de bois.

Je lui dis que je voudrais évoquer l'opération que je prépare avec la région Aquitaine pour le mois d'avril : on recevra des stars pour lancer la saison, histoire de bien montrer que les plages souillées par les boulettes de mazout du *Prestige* ont retrouvé leur belle apparence.

— Pas de problème.

*

On entre dans le studio, et, après les infos de midi, c'est à nous. Discussion à bâtons rompus – sympathique, mais assez innocente.

Vers la fin de l'émission, il me propose de répondre au Quiz. Une salve d'interrogations qu'il a rebaptisée par la suite « le questionnaire Bernard Montiel ».

Les questions fusent. Il me demande si je suis PPDA ou David Pujadas, Claire Chazal ou Laurence Ferrari, Lagaf' ou Laurent Ruquier.

J'esquive : un compliment pour l'un, un compliment pour l'autre. Il me dit que je suis consensuel, j'ajoute : « En un seul mot, j'espère. » Il me titille en me reprochant d'être « lisse », je lui rétorque que, « dans la vie, je ne suis pas du tout comme ça ».

Il va en avoir la preuve.

*

Quand il me demande de choisir entre Marc-Olivier Fogiel et Thierry Ardisson, je prends franchement parti pour le premier. « Ardisson est un enfoiré qui n'arrête pas de baiser les gens au montage. » J'ajoute quand même que « son émission est intéressante ».

Il me parle de *Zone rouge*, le nouveau jeu de TF1 qui n'arrive pas à décoller. Je lui révèle que, pour doper l'audience, le producteur essaie d'organiser une série avec les animateurs-vedettes de la chaîne... sans les payer.

Il enchaîne sur *Vidéo-Gag*. J'explique qu'on tourne huit émissions en deux jours, ce qui a l'avantage de me laisser de longues plages libres. Je dis tout le bien que je pense d'Olivia Adriacco qui coprésente l'émission avec moi. Il me titille : « Vous n'êtes pas fier de cette émission. » Il a l'art de gratter là où ça fait mal et a mis le doigt sur le point sensible. Je lâche : « C'est alimentaire, mais c'est très sympathique à faire. Je signe pour cent ans ! Et puis, ce n'est pas compliqué : je pose mon gros cul sur la banquette et je touche un paquet. »

Les dirigeants de TF1 ne peuvent pas affirmer qu'ils ont été surpris : quelques mois plus tôt, sur France 2 lors d'une émission consacrée au retour des Inconnus, après une parodie de *Vidéo-Gag*, Thierry Ardisson, l'animateur de la soirée, m'avait demandé si je n'en avais pas marre de présenter cette émission depuis si longtemps. J'avais répondu exactement la même chose, et vous pouvez compter sur lui pour ne pas l'avoir coupé au montage. Personne n'avait relevé, sauf mon producteur, Frank Marty, qui m'en avait d'ailleurs gentiment fait le reproche.

*

Est-ce la manière dont les techniciens se sont mis à se passionner pour mes propos en régie ? Est-ce le sourire un peu trop ravi de Jean-Marc Morandini ? Sa manière de bredouiller un « euh la... » après une pique plus assassine que les autres ?

Toujours est-il qu'à ce moment-là de l'émission je comprends que je suis allé trop loin. Je croyais avoir fait preuve de dérision, y compris sur moi-même, mais, de toute évidence, mes propos allaient être mal interprétés. J'avais pris cela pour un joyeux déconnage, mais ce n'était pas un jeu. Ou alors une partie de roulette russe : il y avait une balle dans le barillet, et, sans m'en rendre compte, je venais de la tirer.

Gros soucis en perspective.

*

Il est trop tard pour corriger le tir. Je me dis : puisque c'est parti, continuons.

Jean-Marc Morandini reprend son petit jeu : « Êtes-vous Michel Polac ou Bernard Tapie ? »

De l'ancien homme d'affaires reconverti en animateur de débat sur TF1, je dis : « C'est un bon bateleur, mais son émission est naze. » Je le surnomme l'« escroc ». Pas un scoop, plutôt de la dérision, tout le monde dans les couloirs de TF1 l'appelle ainsi, et j'ai peine à croire qu'il s'agisse d'un secret d'entreprise. J'ajoute quand même :

« Il a réglé sa dette, on ne va pas l'emmerder toute sa vie avec ça. » Mais, dans ce cas-là, c'est bien connu, on retient le négatif, pas le positif.

D'autres en ont pris plein la tête. Pas forcément méchamment. Je ne comprends pas, par exemple, pourquoi Julien Courbet est fâché contre moi : la dernière fois qu'on s'est croisé, il a détourné le regard. J'ai dit qu'il se prenait pour Zorro – un personnage éminemment sympathique, non ? Mieux vaut être comparé à lui qu'à Quasimodo !

⋆

En fait, dans l'interview, je ne m'attaque pas à des personnes, mais à un système. Celui des animateurs de télévision.

J'ai toujours trouvé qu'on nous accordait trop d'importance. Nous sommes, au mieux, des gens connus, au pire de simples passe-plats, mais sûrement pas des artistes, ne nous leurrons pas. Chaque fois que je me trouve dans les pages « soirées » des magazines *people*, j'ai l'impression qu'il y a erreur. D'ailleurs, dans les week-ends de stars que j'organise pour le groupe Accor, je n'invite jamais mes homologues.

Et s'il y a une chose dont je suis sûr, c'est que nous ne formons pas une famille. Ne soyons pas hypocrites, il n'y a pas plus de solidarité entre nous qu'entre des boulangers situés l'un en face de l'autre – peut-être moins, même.

*

Un écran de pub vient nous interrompre.

La dernière séquence de l'émission est constituée d'un dialogue avec les auditeurs. Inutile de dire que le standard a explosé. Dans l'ensemble, les réactions sont positives. Très positives, même. Une certaine Gisèle me dit : « Je ne vous aimais pas, mais depuis quelques minutes je vous adore. Il faut des gens comme vous qui disent exactement ce qu'ils pensent. » Seule voix discordante, un ancien cadre d'Accor, le groupe de loisirs avec lequel je collabore depuis plusieurs années, qui me lance :

— Quand on représente un tel groupe, on mesure ses paroles. Je trouve inadmissible que M. Montiel s'érige en juge. Il faut être diplomate. Dans la vie, il faut savoir ménager ses adversaires, ils peuvent devenir vos amis. De votre part, j'attendais des mots plus veloutés.

Pour lui répondre, je n'y vais pas par quatre chemins :

— Je m'estime diplomate. Mais quand les gens vous prennent pour un con, à un moment, il faut réagir.

*

À 12 h 59, Jean-Marc Morandini conclut son émission en me remerciant d'« avoir été aussi franc ».

Chronique d'une catastrophe annoncée

C'était le moins qu'il pût dire. J'avais dérapé. Pété les plombs. Explosé en plein vol.

L'affaire Montiel venait de commencer.

Et le début des emmerdes.

Chapitre 2

La machine s'emballe

Ce lundi-là, je n'avais pas de déjeuner. Je suis passé chez mon traiteur où j'ai acheté des carottes râpées et du poulet mayo, et je suis rentré chez moi. Préoccupé. Perplexe. Miné. Comment mes propos allaient-ils être interprétés ?

Comme on dit à la roulette, les jeux étaient faits.

Pour me rassurer, je me disais que RMC n'était plus la grande radio qu'on avait connue, sachant que le microcosme parisien n'était pas branché en permanence sur sa fréquence. Je n'avais pas imaginé un seul instant que la cassette de l'émission allait circuler à qui voudrait bien l'écouter. Contrairement à ce que Morandini a raconté un peu partout, il n'a d'ailleurs jamais tenté de tempérer les choses pendant le direct, ni de stopper la machine. Plus je balançais, plus il jubilait. Mais je ne lui en veux pas : c'était de bonne guerre. Pour l'anecdote, il lui est arrivé par la suite exactement ce qui m'est arrivé : après avoir donné une interview musclée au *Parisien*, où il disait que les dirigeants de RMC étaient plus « des hommes d'affaires que des journalistes », il a été prié de rentrer chez lui, le lendemain, dès son arrivée à la radio. Il officie désormais sur Europe 1.

Dans la journée du lundi, pas un coup de fil. Je me suis endormi un peu soulagé.

*

Le mardi matin, une amie me réveille à 8 heures.

— On parle de toi dans *Le Parisien*. Il paraît que tu as dézingué tout le monde à la radio. C'est vrai ?

— Ben oui... Quel est le titre ?

— « Montiel balance »...

Là, j'ai compris que c'était vraiment grave. Mes propos n'allaient pas passer inaperçus.

Mon téléphone n'a pas arrêté de sonner de la matinée. La ruée. Quotidiens, hebdos, magazines, radios, télés, tous voulaient m'interviewer. J'ai décliné, pas la peine de mettre de l'huile sur le feu. Beaucoup d'amis, parfois même des animateurs de TF1 comme Stéphane Bern, m'ont appelé pour me féliciter ou me soutenir.

— Bravo, tu as dit tout haut ce que tout le monde pense tout bas. Enfin quelqu'un se lâche...

En sortant de déjeuner, j'appelle quand même mon avocat, Me Alain Barsikian.

— Hier, j'ai fait une émission sur RMC. Je crois que j'y suis allé un peu fort.

— Oui, on commence à m'en parler...

— Tu crois que je risque d'avoir des problèmes ?

— Qu'as-tu dit exactement ? Je peux avoir la cassette ?

*

J'ai à peine raccroché que le téléphone sonne de nouveau. Cette fois, c'est le bureau de presse de TF1.

— David du *Loft* veut t'attaquer. Il est fou de rage, il veut appeler tous les autres lofteurs pour te faire un procès. Je suis obligé de le dire au service juridique de TF1.

Dans l'émission de RMC, quand Morandini m'avait demandé de choisir entre *Star Academy* et le *Loft*, j'avais dit : « Je préfère que la jeunesse ressemble à celle de *Star Ac'* plutôt qu'à celle du *Loft.* » Et j'avais ajouté, ce qui, je le confesse bien volontiers, était une grossière généralisation, que « les lofteurs étaient des putes et des gigolos ».

Il se trouve que j'avais croisé David dans une soirée. Il m'avait laissé son numéro de portable, je l'ai appelé pour m'excuser.

— Je suis désolé de t'avoir vexé...

— Mais pourquoi dis-tu cela ?

— Comment ? Tu n'es pas au courant ? J'ai fait une émission sur RMC où je n'ai pas dit des choses très gentilles sur les lofteurs, mais je ne voulais blesser personne...

Situation bizarre : les choses semblaient m'avoir totalement échappé.

*

J'appelle chez Glem.

— Je voudrais parler à Bernard Tapie.

On me passe son bureau. Au lointain, je l'entends de fort méchante humeur. Sans doute venait-il de découvrir les mauvais chiffres de son émission de la veille. Le secrétaire m'assure qu'il est fou de rage contre moi et m'éconduit poliment. Il ne m'a jamais rappelé.

*

Après un rendez-vous avec Yves Lapotre, qui réalise l'émission que je produis et présente depuis quelques mois sur TMC, *48 Heures à...*, je rallume mon portable... j'écoute la messagerie.

— Ici le bureau d'Étienne Mougeotte. Pouvez-vous l'appeler le plus rapidement possible ?

Mauvais temps.

Il me prend aussitôt et entre dans le vif du sujet sans les politesses d'usage.

— Tu y es allé un peu fort, hier. Je n'ai pas tout entendu, mais j'ai entendu une bonne partie. Même le monsieur de chez Accor avait raison. Pour un diplomate, tu ne l'as pas prouvé. J'espère qu'il n'y aura pas plus de conséquences que cela. En tout cas, maintenant, tu ne parles plus à personne. Tu fermes ta gueule. Tu fais le mort. TU FAIS LE MORT.

La conversation avait duré une minute. Maximum. Le ton était plutôt conciliant, mais ferme. Je commence à comprendre qu'on n'allait pas me lâcher. J'avais raison...

*

En fin d'après-midi, coup de fil de Mireille Darc.

— Bonsoir, comment tu vas ?

— Très bien.

— Non, à moi, tu ne dis pas « très bien ». Je viens d'entendre la radio, qu'est-ce qui s'est passé ?

Je n'ai pas fait le beau, je n'ai pas fanfaronné. J'ai juste accepté une chose qui n'est pas dans mes habitudes mais qui m'a fait du bien : j'ai baissé la garde et je me suis confié.

— Je me suis laissé emporter. Au fond, je ne regrette rien, mais c'est dur à assumer...

Le soir, je devais aller fêter l'anniversaire de Serge Lama. Mal à l'aise, inquiet qu'on vienne me reparler de tout cela, j'ai annulé. Je suis resté chez moi. Plombé. Dans mon lit, j'ai eu de vrais tremblements. J'étais glacé. Incapable de me réchauffer.

Chapitre 3

Il ne faut pas cracher sur la « famille »

Pour une fois qu'Étienne Mougeotte m'avait demandé quelque chose, j'ai suivi son conseil. Je me suis tu.

En fait, cela m'arrangeait bien. Je ne voulais pas encore affronter ce que j'avais dit. De plus, je savais que la presse allait chercher à m'utiliser pour taper sur TF1. Pour elle, c'était l'occasion idéale de régler ses comptes par personne interposée, et je n'avais aucune envie d'être instrumentalisé.

Le samedi suivant, je pars pour Marrakech où j'accompagne Claire Coates, la directrice du festival de Cognac, une amie proche. Farniente au soleil, balades dans les souks, dîners dans les nouveaux ryads. N'étant plus à Paris, j'ai l'impression que les choses se calment. Je me trompe.

★

Le mardi suivant, en fin de matinée, mon portable sonne.

— Monsieur Montiel... je ne vous dérange pas ? M. Mougeotte voudrait vous parler.

Mon estomac se noue, mon souffle se coupe. Avant même de l'entendre, j'avais compris. J'allais dégager.

— Bon, Bernard, on est très emmerdés. On a bien réfléchi, j'en ai parlé tout le week-end avec Patrick Le Lay, ce n'est pas possible...

Tout d'un coup, il s'emporte :

— Tu as craché sur la famille. Déjà qu'on se fait allumer de partout... Quand ça vient de l'intérieur, ça fait encore plus mal... On ne peut pas tolérer ça. De toute façon, c'est très clair, tu détestes la télévision. Tu as une haine profonde pour nous tous. C'est insultant pour tout le monde. Pour la famille.

On se serait cru dans *Le Parrain* avec un Don Mougeotte en colère. Moi qui pensais qu'à TF1 la meilleure assurance vie, c'était l'audimat, je découvre que cette protection ne sert qu'à condition de la boucler.

Je trouve juste la force de lui rétorquer :

— Je ne m'étais pas rendu compte qu'on était une famille.

Il reprend, plus calme, mais ferme.

— Bon, ben, voilà... on ne peut pas te garder. Je suis désolé. Bonne chance.

Et il raccroche.

★

J'étais au pied du mur. Partagé entre le sentiment d'avoir reçu un terrible coup de massue, mais éprouvant aussi un véritable sentiment de libération, comme si, au fond de moi, j'avais obtenu ce que je cherchais inconsciemment.

J'appelle tout de suite Claire dans sa chambre :

— Je vais t'annoncer une grande nouvelle... je suis viré de TF1.

Je la sens déstabilisée. Elle a l'air plus catastrophé que moi.

★

Mon deuxième coup de fil a été pour Frank Marty, le producteur de l'émission. Il était en réunion, mais ce n'était pas une formule de politesse, puisqu'il m'a rappelé juste après.

Il savait que j'étais viré depuis la veille et n'avait pas eu envie de faire le sale boulot : me l'annoncer. Il préférait que Mougeotte le fasse lui-même.

Je l'ai senti sincèrement peiné, et il m'a dit des mots qui font plaisir à entendre dans ces moments-là :

— Tu restes mon ami. Ça n'empêche pas qu'on travaille sur d'autres projets ensemble.

★

Le troisième appel a été pour mon avocat.

Je n'ai contacté personne d'autre. J'avais besoin de digérer la nouvelle avant de pouvoir l'annoncer. Pas envie qu'on me prenne la tête. Qu'on me plaigne. Qu'on me félicite. Qu'on vante mon courage et la connerie de TF1.

Besoin d'être seul.

Dans ces moments-là, j'aime rester dans mon coin.

Le soir, nous avions un dîner avec des amis. Il fallait faire bonne figure.

J'y suis parvenu, mais le cœur n'y était pas.

Chapitre 4

Qui a crié au loup ?

Quand je repense à la montée en puissance de mon affaire, je retombe toujours sur la même certitude : la première fois que j'avais eu Étienne Mougeotte, il ne semblait pas si en colère que cela. Bien sûr, il m'avait sermonné comme un gamin pris en faute, mais il me donnait plutôt l'impression de vouloir calmer les choses.

Pourquoi ce revirement de situation ?

J'ai appris qu'entre-temps plusieurs de mes collègues avaient fait le siège de Mougeotte sur le thème : c'est lui ou moi.

*

Le plus enragé a été Bernard Tapie, il en a fait une véritable affaire personnelle. Or, à TF1, il a un allié de poids, Patrick Le Lay, le président.

Rappelez-vous : quand la première chaîne a été privatisée, qui est venu apporter son soutien à Francis Bouygues et à Patrick Le Lay ? Bernard Tapie en personne. Au début, il était d'ailleurs l'un des actionnaires minoritaires. On comprend mieux pourquoi il ne se gêne pas pour dire dans les dîners parisiens : « TF1 ne peut pas m'emmerder, sinon je sors la boîte à gifles ». Je ne sais pas exactement ce que cela veut dire, mais la formule semble efficace.

Au départ, j'avais de l'admiration pour lui. Quand il avait affronté Le Pen à la télévision, il avait été formidable. Pour une fois, quelqu'un tenait tête au leader du Front national. Très longtemps, il a incarné la France qui gagne. J'étais sensible aussi à son parcours personnel, ayant toujours eu de l'indulgence pour les gens qui parviennent à se construire une belle position alors qu'ils sont partis de rien.

La première fois que je l'ai croisé, c'était au stade de Bordeaux lors d'un match opposant Marseille aux Girondins. Je l'avais trouvé inaccessible, pas du genre à perdre son temps en parlant à n'importe qui. J'avais été déçu, mais je ne demandais qu'à le rencontrer dans un autre contexte, loin de toute pression, pour changer d'opinion.

*

L'occasion se présenta en 1995.

Cet été-là, j'animais chaque jour une émission sur Radio Saint-Tropez en direct de la place des Lices. L'avocat Bernard Lagarde m'informa lors d'un dîner que Bernard Tapie allait passer une semaine chez lui.

— Tu peux le faire venir à la radio ?

— Pourquoi pas ? Il te connaît ?

— Non, on s'est juste croisé.

— Je lui pose la question.

Quelques jours plus tard, Bernard Lagarde me rappelle.

— Il est d'accord, mais il a une condition.

— Laquelle ?

— Il veut être seul à faire l'émission.

Aucun problème. À l'époque, Tapie est au sommet de sa gloire, même s'il commence à avoir des ennuis avec la justice. D'ailleurs, son arrivée place des Lices, où nous avons installé notre studio en face de la Renaissance, ne passe pas inaperçue. Des manifestants l'accueillent avec des banderoles « Tapie voleur ». Ses « gardes du corps » se chargeront de remettre virilement de l'ordre et de briser leurs pancartes.

Quand il arrive, je suis embarrassé. Cette émission, c'est une bulle de champagne, pas une tribune. Il me tutoie d'emblée et me rassure :

— T'inquiète pas.

Lorsqu'on interviewe un homme comme Tapie, on n'arrive pas les mains dans les poches. On sait qu'on a intérêt à tout savoir de lui, sinon, cela ne fait pas un pli, on se fait renvoyer dans ses dix-huit mètres. J'ai donc bûché les dossiers. L'émission commence néanmoins dans la légèreté. Je diffuse le disque qu'il avait enregistré à l'époque où il rêvait d'une carrière de chanteur. Il le prend bien. Et puis, nous commençons à parler de sujets plus sérieux.

— Dans votre action de ministre, quelle est la chose dont vous êtes le plus fier ?

— Les maisons de la jeunesse que j'ai fait construire, notamment à Montfermeil.

Je rétorque :

— À Montfermeil, il y a un trou, mais rien n'a été construit.

D'un coup, son humeur bascule. Son regard devient méchant. Presque haineux.

— Je ne savais pas qu'on était là pour faire des polémiques.

Il aurait pu s'en tirer par une pirouette, genre « on n'a pas eu le temps » ou « on n'a pas obtenu les fonds nécessaires », mais non, d'un coup, il s'était énervé.

Déstabilisé, j'envoie un disque.

Pendant ce temps, il me regarde droit dans les yeux tout en me donnant un coup de pied sous la table.

— Toi, tu ne vas pas me casser les couilles. J'ai enterré Anne Sinclair en deux minutes, Guillaume Durand en une minute, toi, ça va être quinze secondes.

C'était presque la fin de l'émission. Heureusement. Car, ensuite, il n'a plus rien dit d'intéressant, enfilant les banalités, fermé, bloqué, hostile. Il est parti très en colère, sans même me saluer. Je l'ai juste entendu me traiter de petit con à son entourage.

⋆

Quelques années plus tard, il joue *Vol au-dessus d'un nid de coucou* au Théâtre de Paris. Je vais voir la pièce avec Adeline Blondieau.

À l'entracte, je croise Dominique, sa femme, charmante, comme si rien ne s'était passé.

À la fin de la représentation, Philippe Hersen, le producteur, nous propose d'aller le saluer dans sa loge. On nous conduit dans les coulisses. On attend le temps qu'il se douche et se change. Un quart d'heure, une demi-heure. Je suggère de partir. Quelqu'un nous dit : il va vous recevoir. On a attendu une heure. Pour rien : en fait, il était déjà parti !

Plus tard, je l'ai recroisé à TF1 : l'indifférence totale. Comme si on ne se connaissait pas. Me détestait-il ? Même pas.

Je crois plus simplement que je ne l'intéressais pas car je ne lui servais à rien.

Chapitre 5

Comme un fauve blessé

Viré !

Dans ces moments-là, on n'est pas fier. Un sentiment de culpabilité vous broie les tripes. Même si, au fond, vous êtes persuadé d'avoir eu raison. Là, j'avais dit exactement ce que je pensais. La seule chose qu'on pouvait me reprocher, c'était mon honnêteté.

Viré !

L'info allait évidemment sortir, mais, de retour à Paris, j'ai continué à ne rien dire. Mutisme. Blocage, dirait peut-être un psy...

*

Le jeudi soir, soit deux jours après le coup de fil d'Étienne Mougeotte, je devais assister au Théâtre de l'Opprimé à la première de la pièce de mon amie Claire Castillon. Après la représentation, j'ai retrouvé plusieurs amis, dont Jean-François Lepetit, pour le cocktail, au foyer du théâtre.

Entre deux coupes de champagne, je me suis lancé avec forfanterie. Très grande gueule.

— Au fait, avant que vous ne l'appreniez par la presse, je voulais vous dire que je suis viré de TF1.

Tous étaient sidérés, choqués, catastrophés.

— Qu'est-ce que tu vas devenir ?

Tous ont rajouté :

— Tu as l'air de bien le prendre.

Pas vraiment, mais s'ils pouvaient le croire, tant mieux.

⋆

L'info de mon éviction est sortie le lendemain dans *Le Parisien*. TF1 avait envoyé un communiqué. Non pas sur mon licenciement, mais sur mon remplacement par Sébastien Folin. Pour eux, j'étais déjà de l'histoire ancienne. Je n'existais plus.

La lettre de licenciement est arrivée une quinzaine de jours après. Elle émanait non pas de TF1 mais de Starling, la société de production qui m'employait. Je n'ai jamais reçu le moindre courrier de TF1. Au fond, ai-je d'ailleurs jamais appartenu à TF1 ?

⋆

Avec l'annonce de mon renvoi, le déferlement médiatique a repris de plus belle. On ne parlait plus que de moi. De manière plutôt sympathique, je dois le dire, à deux ou trois exceptions près. N'empêche : je trouvais horrible d'être au centre de la tempête. Que dis-je : un vrai cyclone, un Niño médiatique.

Il m'était par ailleurs toujours aussi pénible de relire mes propos. Je réalisais à quel point, sortis du contexte d'une émission qui se voulait décapante, ils pouvaient être mal interprétés.

Pas question de mettre de l'huile sur le feu. Je n'étais plus le laquais d'Étienne Mougeotte, mais je décidai de suivre le dernier conseil qu'il m'avait donné : fermer ma gueule.

Sauf que, le lendemain, je devais partir pour Toulouse participer à une émission de Sud-Radio prévue de longue date. Que faire ? Annuler ? J'ai choisi d'assumer. J'y suis allé.

Bien décidé à calmer le jeu, je me suis contenté de dire que j'avais été démis de mes fonctions. Pas la moindre « petite phrase ». Bernard Montiel lisse comme on l'avait toujours connu.

J'ai eu raison de me méfier : certaines radios, persuadées que j'allais encore balancer, avaient demandé à la station qu'on leur envoie la cassette de l'émission...

*

De Toulouse, j'ai filé dans ma maison du Pyla pour passer le week-end. Seul. Enfin seul. Téléphone débranché. Avec le besoin de faire le point sur moi-même.

Chaque fois que j'ai eu un coup dur dans ma vie, c'est dans cette villa que je suis venu me ressourcer. Elle est un peu le rêve d'une vie : si je l'ai achetée là, c'est parce que, enfant, quand mes parents nous sortaient de notre HLM pour nous emmener à la mer, le Pyla représentait pour nous une sorte de rêve inaccessible. Le comble de la réussite. Et, ce jour-là, c'est le petit garçon qui est toujours au fond de moi qui était blessé.

Avec mon vieux jean déchiré et un pull marin, je suis parti marcher le long de la plage avec mon chien, Farouk. Les yeux fixés sur l'horizon. Quel était le mien ? J'avais l'impression d'être au pied du mur. Allais-je continuer à faire de la télé ? Au pire, j'ouvrirais un hôtel...

Des promeneurs m'ont coupé dans mes méditations :

— On vous regarde tous les dimanches.

De toute évidence, ils n'étaient pas au courant. Finalement, cette affaire était une histoire très parisienne.

*

Le lendemain, avant de reprendre l'avion, je me suis arrêté chez mon frère aîné, Gérard, qui est enseignant. Lui non plus n'était sûrement pas averti, sinon il m'aurait appelé.

— Je suis viré de TF1, mais ne t'inquiète pas, tout va bien.

Il n'a pas été attristé. Au contraire.

— C'est bien, tu vas pouvoir faire quelque chose de mieux. Tu en es capable.

Pour une fois, j'ai tombé le masque.

— Il faut que je gère la crise. C'est une grosse crise. Si je la gère mal, il va peut-être falloir que je fasse autre chose.

D'un coup, il eut l'air surpris de la gravité de la situation. Inquiet aussi. Mais, comme je n'aime pas qu'on s'apitoie sur mon sort, j'ai tout de suite cherché à le rassurer.

— Ne t'en fais pas, je vais me débrouiller.

Quand je dis cela, c'est que je suis à court d'arguments.

Je lui ai aussi dit que je n'avais pas encore informé notre mère. Pas la peine de l'angoisser.

En fait, j'ai toujours exclu ma famille de mes affaires professionnelles. Chez nous, on ne se parle jamais. Tout est dans le non-dit. On se pose des questions, mais on ne les pose pas. De mes quatre frères et sœurs, Gérard est celui avec qui j'ai les rapports les plus proches. Il me connaît bien. On s'est toujours beaucoup parlé. Tout le monde a besoin de parler à un moment ou à un autre...

*

À peine rentré à Paris, je suis reparti pour le Sénégal : Mme Wade, la femme du Président, organisait à Dakar un grand dîner de charité pour son association « Éducation et santé » dont le but est de créer des écoles et de lutter contre le paludisme. On m'avait demandé d'amener quelques artistes. Mon avocat m'a appelé alors que je visitais... la maison des esclaves sur l'île de Gorée.

— TF1 ne veut rien entendre. Pas un franc d'indemnité. Niet catégorique. Ils m'ont dit : « On ne lui doit rien. » On va les assigner...

Me Barsikian les connaît bien puisque c'est l'ancien conseiller personnel de Mougeotte et qu'il s'occupe de plusieurs animateurs de TF1.

Quelques mois plus tôt, il avait d'ailleurs réussi un bel exploit : faire réintégrer Lagaf' à TF1. L'animateur du *Bigdil* avait en effet reçu une lettre de licenciement pour avoir tenu des propos offensants dans... l'émission de Morandini sur RMC !

Furieux qu'on accueille la millième du *Bigdil* dans la plus parfaite indifférence, il avait déclaré : « Puisque TF1 s'en fout, je vais m'en foutre. » Mais, cette fois, l'histoire ne s'est pas reproduite : je n'ai pas été réintégré.

Au contraire.

*

Bien entendu, j'aurais préféré qu'on trouve un terrain d'entente avec le service juridique de la chaîne.

D'abord parce que je me retrouvais sans la moindre rentrée d'argent. Aucun « parachute » doré, comme on dit pour les grands patrons. Je n'ai même pas droit à l'Assedic. Heureusement, les 28 et 29 janvier, j'avais tourné huit émissions. Étant payé à l'émission, j'avais donc un peu d'avance, mais après ?

Ensuite parce que j'avais envie d'arrêter définitivement cette histoire. Faire un procès, c'est vivre dans l'attente d'un jugement qui surviendra dans un, deux ou trois ans. Impossible de tourner vraiment la page.

*

Après l'annonce de mon licenciement, j'ai passé quelques mauvaises nuits. J'ai même pris du Lexomil pour me relaxer et pouvoir dormir, alors que d'habitude je n'avale jamais ce genre de médicaments. Mais, très vite, les choses ont commencé à aller mieux, comme si le soulagement avait pris le pas sur l'accablement.

Je me suis remis à faire du sport – une heure de tapis pour éliminer les toxines au sens large.

Des producteurs indépendants, comme Anne Marcassus, m'ont rassuré sur la manière dont mon éclat était perçu dans le métier. De toute évidence, on ne m'en tenait pas rigueur. On était même plutôt agréablement surpris que je sois sorti de mon image de gendre idéal. Je n'étais donc pas « grillé ».

Gérald-Brice Viret, patron de TMC, qui m'avait appelé de son côté pour me dire qu'il avait des projets pour moi, a tenu parole : quelques semaines plus tard, il m'a proposé de « couvrir » le festival de Cannes pour sa chaîne, ce que j'ai aussitôt accepté. Quant à Jean-Robert Reznick, il m'avait confirmé que, contrairement aux rumeurs propagées par une certaine presse, le groupe Accor était toujours heureux de travailler avec moi. Il tenait à m'assurer de son amitié et de sa confiance.

*

On dit souvent que c'est dans les coups durs qu'on compte ses amis. Je dois dire qu'ils ont été au rendez-vous. Et pas des moindres.

Nathalie Baye, délicate :

— Bernard, j'ai cru comprendre que TF1 vous avait remercié. Que s'est-il passé ?

Kristin Scott Thomas, enflammée :

— Tu as bien fait d'envoyer tout le monde sur les roses, bravo !

Véronique Colucci, l'épouse de Coluche, encourageante :

— Mon mari a été l'homme le plus viré de France. Chaque fois qu'il a été viré, c'est là où il connu ses plus grands succès.

Sans oublier Mireille Darc qui m'appelait tous les jours.

Avec les stars, je ne cherche qu'à être souriant,

sympathique, attentif. Je les écoute, je ne parle jamais de moi. Tout d'un coup, les rôles étaient renversés. Je dois dire que, paradoxalement, cela me mettait plutôt mal à l'aise !

Chapitre 6

Il faut bien en parler

Laisser dire sans répliquer... tel est le parti que j'avais pris.

Le problème, c'était de ne pas entendre, de ne pas se laisser gangrener par les ragots et les « informateurs » bien intentionnés. Il y avait en effet toujours quelqu'un pour me dire : « Ah, tu sais pas ? Untel a dit ça... »

C'était de plus en plus évident : mon mutisme se retournait contre moi. Pas de doute, il fallait que je parle. Pour m'expliquer. Les gens, croisés dans la rue, me disaient tout le temps : « Pourtant, vous aviez l'air heureux, vous étiez toujours souriant. » Souriant, oui, mais épanoui, sûrement pas.

*

J'ai donc donné une interview à Henry-Jean Servat pour *Télé 7 jours* et j'ai rappelé Marc-Olivier

Fogiel pour lui dire que, tout compte fait, j'acceptais son offre de participer à son émission *On ne peut pas plaire à tout le monde*.

Entre-temps, je suis parti pour les Maldives. Une semaine de rêve dans un bungalow sur pilotis entrecoupée de séances de plongée sous-marine et de la lecture d'*Amours sorcières* de Tahar Ben Jelloun.

*

Je suis rentré regonflé.

Prêt à ferrailler avec Marc-Olivier Fogiel : je savais qu'il n'allait pas me rater, que ses questions seraient sans complaisance. Je devais donc être fort. Ses émissions sont un combat. Elles ont l'avantage d'être en direct : on ne peut pas tricher.

Le 11 avril, je me suis retrouvé sur son plateau avec l'acteur Guillaume Depardieu, l'ex-star des sixties Petula Clark, l'écrivain Marek Halter et le député communiste Maxime Gremetz.

Marc-O a essayé de m'envoyer quelques vacheries, style : « Vous ne vous êtes jamais dit que, si on ne vous proposait rien d'autre que *Vidéo-Gag*, c'est parce que vous n'êtes pas bon ? », mais je les ai prises avec le sourire.

Au final, je dois avouer que mon passage dans son émission a été très bénéfique : beaucoup de gens m'ont découvert autrement.

J'étais en train de reprendre la main.

Chapitre 7

Changement d'image

S'il est une chose à laquelle je ne m'attendais pas, c'est à devenir une sorte de phénomène de société.

En quelques semaines, le gendre idéal souriant et bronzé, ami des stars, comme la presse me décrit toujours, parfois à mon grand agacement, s'est transformé en symbole du salarié qui en a ras le bol de son boulot et envoie balader ses patrons. Au risque de tout perdre.

Loin de passer pour celui qui crachait dans la soupe et, pire, méprisait son public, comme je le craignais, j'avais cristallisé les envies de ceux qui n'avaient jamais osé.

Ici et là, on commençait même à parler du « syndrome Bernard Montiel » : ne vous laissez pas faire, retrouvez votre fierté, rebellez-vous.

★

Des journaux qui m'ignoraient superbement se sont mis à s'intéresser à mon cas.

Libération, qui ne parlait de moi que pour se moquer de mon teint cuivré, m'a même pris en exemple dans un supplément « emploi » concernant la liberté de parole des salariés. Comment dire ce qu'on pense de son chef, de ses collègues et de sa société sans se faire virer.

Cet été, le même quotidien a fait de moi l'un des personnages clés d'un concours intitulé « Quel animateur sommeille en vous ». J'étais présenté comme « un révolutionnaire dans l'âme ». Quelqu'un que « la rébellion pousse à faire éclater la vérité à la face du monde sans prendre garde aux conséquences ».

*

Durant le festival de Cannes, *VSD* a convoqué un psy spécialiste des médias. Résultat de sa consultation express : « Il s'agit d'un véritable accès d'authenticité, du besoin impératif d'en finir avec une existence double, une identité frelatée, un personnage usurpé. » Pas faux...

*

Pour la première fois de la vie, je me retrouvais néanmoins licencié. Chaque fois que j'avais changé de travail, c'est moi qui étais parti. Mais parler aussi librement à Jean-Marc Morandini, n'était-ce pas une façon de partir ?

Et si je suis désolé d'avoir peut-être blessé quelqu'un lors de cette interview, qu'on ne se méprenne pourtant pas sur mes intentions : en attaquant les autres, c'est avant tout moi-même que je dénonçais.

*

Vidéo-Gag m'assurait une vie confortable, mais l'émission ne me ressemblait plus. J'en avais assez de passer pour l'andouille de service. J'avais perdu la petite étincelle. L'envie.

Malgré la sympathie que me témoignait le public, je me sentais dans une impasse. Étouffé. Oublié. Pire, je ne voyais pas de solution. Les portes se fermaient devant moi, poliment, mais fermement. Dans ces moments, je sais que je suis suicidaire. Professionnellement parlant. Je suis capable de tous les excès pour rompre avec un système qui ne me convient plus.

D'une certaine manière, j'ai agi pour être débarqué malgré moi.

J'ai dit à tout le monde ce que je n'avais jamais osé balancer à Étienne Mougeotte.

Je n'ai donc pas l'impression d'avoir commis une faute.

En revanche, je sais que j'ai fait une connerie. D'une certaine manière, j'attendais qu'on me passe un savon. Se faire engueuler à défaut de se faire aimer – mais, au moins, il s'agit d'une manière d'exister. Qui avait vraiment pris soin de moi, depuis tant d'années ? Qui s'était occupé de connaître mes envies et d'y répondre ? Qui, même, avait cherché à savoir ce que je pensais, qui j'étais, d'où je venais ?

Ma « sortie » a été comme un cri d'alarme. Ma façon de dire : « Occupez-vous de moi, sinon je déraille. »

En fait, j'avais déjà déraillé.

Deuxième Partie

Bordeaux

Chapitre 8

L'exil

Mon premier souvenir, c'est ma mère en larmes.

Nous étions sur un bateau qui nous menait vers l'Espagne. Nous avions laissé derrière nous notre appartement, nos meubles, une vie qui nous convenait d'autant mieux qu'on n'en connaissait pas d'autres. Nous étions en 1961, j'avais à peine quatre ans, et nous quittions Casablanca, mon Maroc natal.

L'Afrique découvrait son indépendance, et nous allions vivre la réalité du mot « rapatrié ».

Sur la passerelle, ma mère avait fière allure avec son *look* glamour soixante. Jolie robe à fleurs, foulard autour des cheveux, lunettes de soleil, elle avait tout d'une star hollywoodienne, sauf qu'à l'époque je ne savais pas ce qu'était une star hollywoodienne.

À ses côtés, mon père avait les cheveux gominés.

Il était bien habillé, il a toujours pris soin de sa personne ; aujourd'hui encore, à quatre-vingt-six ans, il continue de le faire. Je voyais bien qu'il essayait de la consoler, mais rien n'y faisait.

Ma mère pleurait.

Le paquebot laissait échapper une épaisse fumée noire par ses grosses cheminées, et son moteur Diesel résonnait d'un toc-toc ininterrompu.

Au moment de quitter le port, le bruit de la sirène m'avait terrorisé. Depuis, j'ai toujours détesté prendre le bateau, sans doute à cause de la crainte que ma mère se remette à pleurer...

⋆

Quand nous avons débarqué en Espagne, à Málaga, nous avons pris le train pour rejoindre la France. Ma mère était toujours en larmes.

À Talence, une ville universitaire qui jouxte Bordeaux, mon cousin nous avait trouvé une petite maison. Un jardin séparé de la rue par une grille et un portail, un autre coin de verdure à l'arrière, un grand séjour, deux chambres, dont une où nous dormions ensemble, nous, les trois frères, c'était le type même de l'échoppe bordelaise. Seul point noir, les toilettes étaient au fond du jardin.

⋆

Ma mère continuait de pleurer.

Dès qu'elle nous entendait rentrer, elle essuyait ses larmes, mais ses yeux rouges trahissaient sa souffrance. On n'osait pas lui demander ce qui lui arrivait, glacés d'effroi à l'idée qu'elle se soit fâchée avec papa. Les enfants ne croient-ils pas toujours que l'horizon s'arrête à la porte de chez eux ? En fait, son pays lui avait tout simplement été arraché, et elle ne s'en remettait pas.

À la nostalgie s'ajoutait la difficulté à s'adapter. Elle ne sortait que pour faire les courses, passant ses journées cloîtrée à la maison. Personne ne lui disait bonjour. Personne ne l'invitait à prendre le thé. Rien à voir avec Casablanca où tout le monde se reçoit, où les portes restent ouvertes, et les cœurs aussi.

Là-bas, notre vie avait été comme un loukoum : sucrée. Je ne me rappelle rien, mais, depuis, ma mère m'a raconté notre bel appartement, où chaque enfant avait sa chambre, la convivialité, la joie de vivre, les odeurs, les week-ends sur la plage de sable fin battue par les vagues de l'Atlantique où nous allions faire le plein d'iode. Peut-être existe-t-il d'ailleurs une sorte de mémoire inconsciente, c'est ce qui expliquerait que je me suis toujours senti mieux sur les bords de l'Atlantique que sur ceux de la Méditerranée...

*

Au moment de quitter le Maroc, mon père avait le choix entre trois villes : Nice, Paris et Bordeaux. Il avait privilégié cette dernière solution.

Maman avait sans doute insisté : étant d'origine espagnole, elle se disait qu'il n'y avait que les Pyrénées pour nous séparer de son pays natal. Sachant aussi qu'il y avait une forte communauté espagnole en Gironde, elle s'attendait sans doute à se recréer son petit monde, mais les mentalités n'avaient rien à voir.

Pour elle, le Maroc est resté une blessure sans cesse ouverte. Elle a d'ailleurs toujours refusé d'y retourner, même en vacances. La crainte, peut-être, que la réalité d'aujourd'hui ne soit pas à la hauteur de ses souvenirs.

*

Ici, à Bordeaux, elle avait l'impression d'être en pays hostile. Nous aussi.

Même le temps paraissait contre nous : avec l'hiver sont arrivés la grisaille, la pluie, le froid. La maison me semblait humide. Nous avons découvert les pantalons et les grosses chaussures. On était obligé de rester à l'intérieur. Adieu les jeux de plein air, place aux jeux de société, les après-midi à en découdre au « Mille Bornes » ou au « Monopoly » derrière des vitres embuées.

Dans le quartier, nous n'avions pas, nous non plus, d'amis. Ou presque. C'est sans doute ce qui nous a rapprochés : nous avons été très liés, mes deux frères aînés et moi, pendant toute notre tendre enfance. Notre solidarité reposait sur le rejet des autres. Quand nous sortions pour aller à l'école, on nous accueillait, vu notre teint hâlé, par un terrible :

— Tiens, voilà les Arabes.

Que répondre, sinon se bagarrer ? Combien de fois est-on rentrés à la maison avec les genoux ensanglantés, le visage griffé et les vêtements déchirés ?

Mes parents nous demandaient invariablement :

— Mais qui vous a fait ça ? Pourquoi ?

Au début, on leur disait la vérité, et mon père s'emportait :

— Mais vous n'êtes pas arabes ! Vous êtes français, comme eux. Qui vous a dit ça ? Je vais aller voir ses parents !

Nous, on désirait tout le contraire. Surtout pas de problème, pas de dispute, pas de vague. Alors, très vite, on a fait comme s'il s'agissait de simples disputes d'enfants. Notre malaise est devenu le royaume du non-dit.

*

Le pire, c'était la rentrée des classes. Selon l'usage, il fallait se présenter sur une demi-feuille de papier.

Nom, prénom, date et lieu de naissance...

Montiel, Bernard, né le 19 avril 1957 à Casablanca, Maroc.

J'étais catalogué. Foutu pour l'année. Les

guerres d'indépendance avaient créé un gros traumatisme dans la nation française, et, curieusement, les rapatriés, dont nous étions, se voyaient accueillis sans enthousiasme. Pour ne pas dire avec hostilité. Combien de fois, dans la cour de récréation, ai-je dû enlever chaussures et chaussettes pour bien montrer que je n'avais pas les pieds sales, moi le pied-noir. D'une certaine manière, on nous regardait comme si nous étions là pour « manger le pain des Français », comme ils disaient.

Deux ou trois rentrées plus tard, juste avant de pénétrer dans la salle de classe, j'ai pris mon institutrice à part.

— Ça ne vous ennuie pas de ne pas dire l'endroit où je suis né ?

Elle m'a demandé d'où je venais et elle a ajouté :

— Au contraire, il faut assumer ses origines. Le Maroc est un pays magnifique.

— Oui, mais tout le monde ne pense pas comme vous. Après on me regarde de travers.

— Ne t'inquiète pas, je dirai un petit mot là-dessus.

Je n'ai pas osé la contredire, mais je pressentais le pire. Quelques minutes plus tard, elle déclara effectivement :

— Montiel, Bernard... alors Bernard nous vient d'un pays magnifique, un pays de soleil et de traditions, le Maroc. Est-ce que quelqu'un connaît le Maroc ?

Personne.

— Le Maroc est un pays ami...

Plus elle avançait dans son discours, plus elle s'enfonçait. Et plus elle m'enfonçait. Son intervention avait l'effet inverse de ce qu'elle voulait. Et moi, je me liquéfiais. Déjà, tout le monde me regardait autrement. Avec cette pointe de crainte dont on observe l'autre pour peu qu'on le sente différent – les enfants ne se passent rien entre eux.

Je sentais alors une sourde hostilité s'élever, enfler, moi dont le seul souci était d'être transparent, de me fondre dans le groupe, de ne surtout pas me faire remarquer.

Comme il fallait que je m'endurcisse, j'ai passé mon enfance à me construire une carapace.

*

Le moment le plus doux de la journée, c'était le retour de l'école.

Ma mère nous préparait systématiquement du café au lait et de grosses tartines bien beurrées que nous agrémentions de confiture ou de miel. Comme au Maroc. Elle avait aussi gardé une grande tradition de notre vie à Casablanca : le couscous du dimanche. Mes parents n'avaient pas beaucoup d'argent, mais vivaient avec deux priorités : que nous soyons bien nourris et bien habillés.

Le seul loisir, c'était le cinéma. Ma mère nous

y emmenait presque tous les dimanches après-midi – autant dire que je n'ai pas raté un seul film avec Joselito, qui était la grande star espagnole du moment.

*

En France, mon père avait retrouvé son poste de contrôleur de route à la SNCF. Ses horaires étaient irréguliers : souvent, il partait à 4 heures du matin et revenait en début d'après-midi. À peine avions-nous ouvert la porte que ma mère nous disait :

— Chut, votre père dort.

Cette phrase, j'ai dû l'entendre mille fois. C'est la réplique de mon enfance.

Pour respecter son sommeil, on chuchotait. Devant lui, on prenait la pose de la famille modèle. Pleasantville à la mode bordelaise. La plupart du temps, on dînait sans parler, il regardait le journal télévisé, et personne ne s'aventurait à faire le moindre commentaire.

Le week-end, quand il était là, il se montrait plus détendu. Il racontait des blagues, souvent les mêmes, mais on les écoutait toujours avec plaisir. Quand le beau temps se joignait à la partie, nous retrouvions sa sœur, Marie, ma marraine, elle aussi installée près de Bordeaux avec sa famille, et partions nous promener au bassin d'Arcachon, entassés comme des Gremlins dans la voiture surchauffée. On se baignait, on lézardait au soleil, on pique-niquait.

Une vie simple et heureuse.

*

Moi, je rêvais devant les belles maisons. Leurs haies étaient taillées au cordeau, leurs portails s'ouvraient électriquement et laissaient passer des limousines rutilantes – mais comment faisaient-ils, les riches des beaux quartiers, pour avoir des voitures constamment propres ? Ils me semblaient toujours mieux habillés que nous : même avec un jean, ils avaient quelque chose en plus. Une allure, une manière de regarder la vie. En outre, ils avaient des chiens, ce qui, pour moi, était le symbole du luxe suprême. Dans ma tête, je me disais avec naïveté : pourquoi eux, pourquoi pas moi ? Alors j'imaginais que, plus tard, j'aurais un studio avec vue sur le port d'Arcachon, le fin du fin à mes yeux. La vie a voulu que j'aie davantage : une maison au Pyla. Un rêve d'enfant, mais aussi, j'en ai bien conscience, une forme de revanche sociale...

*

Quand on faisait une bêtise, mon père tentait de sortir sa ceinture, mais, en général, elle restait coincée dans les passants. Et l'engueulade finissait parfois en éclat de rire. Mais nous ne nous aventurions pas à le provoquer, nous montrant très respectueux. Le soir, il nous demandait si nous avions bien travaillé à l'école, mais il ne vérifiait pas nos cahiers, nous faisant confiance. C'était sa manière de nous faire comprendre qu'on avait notre destin entre nos mains. Il savait aussi nous motiver.

— Il faut travailler à l'école. Sinon vous serez balayeurs ou vous irez casser des cailloux sur la route !...

Il n'avait pas une idée de la réussite sociale telle qu'on peut l'avoir aujourd'hui. Il avait juste conscience de travailler beaucoup pour pas grand-chose et espérait pour nous une vie sinon plus lucrative, du moins plus légère. Plus facile.

Né à Oran, d'origine française, il semblait avoir mieux vécu que ma mère le fait d'être transplanté en France. Il n'avait d'ailleurs gardé aucune nostalgie pour l'Afrique du Nord. Connaissait-il néanmoins ce rejet qui nous empoisonnait la vie ? Il ne montrait rien. Ne rien dire, ne rien laisser paraître, éternelles règles de conduite de notre famille.

Mais un événement m'incite à penser que lui aussi avait vécu des moments douloureux.

*

Un jour où mon père est au travail, le téléphone sonne à la maison. Ma mère décroche et entend un homme qui cherche maladroitement à changer sa voix :

— Je suis de l'OAS. On va mettre une bombe chez toi. Tu verras ton mari et tes enfants crever, salope !

Elle n'est pas sortie de la journée, même pour faire les courses. Quand nous sommes rentrés de l'école, nous l'avons trouvée assise dans la salle à manger, tremblante, deux valises bouclées à ses pieds. Elle ne nous a pas tout de suite expliqué ce qui s'était passé et s'est mise à mentir pour ne pas nous affoler.

— On ne peut pas rester ici, il y a plein de bêtes, on risque de se faire piquer, des piqûres qui peuvent être mortelles, il faut s'en aller...

J'avais six ans. On a protesté. Encore partir ? Pour nous, c'était comme un nouveau déracinement. Un saut dans l'inconnu. Peut-être allions-nous trouver encore pire. On ne peut pas dire qu'on s'était adapté, mais on avait noué quelques relations. Allait-il falloir tout recommencer ?

Nous avons marché jusqu'à la station de bus avec nos valises. Sur le chemin, des voisins ont discrètement détourné la tête. Ils avaient l'air de penser : « Enfin, ils s'en vont. »

La nuit tombée, nous avons débarqué à Bordeaux chez de vagues cousins dans une HLM sinistre en forme de demi-cercle appelée « La Cité lumineuse », bien mal nommée. Les murs étaient taggués de mots grossiers, un langage auquel nous n'étions pas habitués.

— Pourquoi ne les effacez-vous pas, avons-nous d'emblée demandé à nos cousins ?

— Mais parce qu'il y en aura autant demain, nous ont-ils rétorqué.

La Garonne était juste à côté, il n'y avait même pas de barrière de protection. Une fois, j'ai failli m'enliser. C'était comme dans un *no man's land.*

Au bout d'une semaine, nous sommes rentrés chez nous. Provisoirement. La SNCF étant en train de construire des immeubles pour ses cheminots, mon père avait réservé un appartement qui serait prêt dans six mois tout au plus. En attendant, il nous fallait bien un logement à nous. Au milieu des autres, nous nous sentirions plus en sécurité.

⋆

De retour à Talence, ma mère semblait angoissée, comme sur la défensive. Prête à refaire ses valises au moindre souci pour quitter cette maison qu'elle n'aimait pas. Nous n'avons pas eu à attendre longtemps.

Quelques semaines plus tard, alors que la famille au complet dînait tranquillement, un bruit de verre brisé a déchiré la nuit. Un caillou venait d'atterrir dans le salon. Puis un deuxième, et un troisième. On était en train de nous jeter des pierres.

Ma mère se mit à hurler, mon père se rua vers la porte.

— Montrez-vous si vous n'êtes pas lâche. Venez, bande d'enculés.

Mon père, qui n'était pas du genre à s'énerver, gardait toujours un langage châtié, signe pour lui de respectabilité. Aussi, l'entendre prononcer ce qu'on appelait alors des « gros mots » nous a fait comme un choc.

Évidemment, personne n'est venu. On a juste entendu, au lointain, une voiture s'en aller.

Mes parents se sont alors lancés dans un dialogue impossible.

— J'en ai marre, disait ma mère. Je ne veux plus rester ici. Je veux retourner au Maroc.

— Mais on a été chassé du Maroc ! Où veux-tu aller ?

— Allons en Espagne. En France, on ne nous aime pas. Et je n'aime pas ce pays. Tu fais ce que tu veux, mais j'emmène les enfants.

— Tu ne feras rien du tout. On est français, on reste en France. C'est ici que j'ai du travail...

Pour une fois que nos parents parlaient, inutile de dire que nous avions les oreilles grandes ouvertes. Nous avons ainsi compris que mon père était persuadé que le coup de fil d'insulte comme les jets de pierre étaient le fait d'un règlement de comptes au sein de son travail. Il soupçonnait même un collègue avec lequel il ne s'entendait pas. Sinon, qui pouvait nous en vouloir au point de souhaiter nous faire partir ? D'une certaine manière, c'était la preuve que lui aussi avait sa part de souffrance, d'humiliation et de rejet. Mais il ne nous en a pas dit davantage.

Le lendemain matin, en sortant de la maison, nous avons eu un choc : nos agresseurs avaient peint OAS en grosses lettres d'un rouge sanguinolent sur le mur. Trois lettres qui n'avaient aucun sens pour les enfants que nous étions, mes frères et moi, mais qui semblaient lourdes de menace et de violence. Il fallait les effacer. Il fallait fermer les volets, même la journée, le temps que le vitrier vienne réparer les carreaux. Il fallait cacher la souillure. Nous avions honte de ce qui nous arrivait, alors que c'était nous, les victimes.

Évidemment, dans le quartier, personne n'avait rien vu, ni entendu. Jamais les voisins ne se sont décrispés à notre égard. Ils continuèrent à nous voir comme des étrangers, comme ils avaient dû regarder les juifs pendant la guerre.

⋆

J'avais néanmoins l'impression que les choses se passaient mieux quand j'étais tout seul.

Je me souviens du jour où la boulangère m'avait trouvé « mignon » alors que j'étais venu lui acheter des Carambar et des Malabar. Pour la première fois, j'avais eu l'impression d'être accepté.

Durant toute mon enfance, mon obsession a donc été d'être intégré.

★

Les choses ont évolué dans le bon sens lorsque nous avons quitté la maison du malheur pour emménager dans la cité du Dorat à Bègles.

Les immeubles faisaient cinq étages, nous avions vue d'un côté sur la campagne, de l'autre sur une somptueuse bâtisse XVIIIe siècle désaffectée qui n'allait pas tarder à devenir mon terrain de jeu préféré. L'appartement était simple, mais les toilettes au fond du couloir nous donnaient l'impression d'un luxe suprême. Tout était flambant neuf, les murs sentaient encore la peinture, un vrai paradis.

Nous dormions, les trois garçons, dans la même chambre. Quand mon frère Jean-François est venu au monde, nous lui avons laissé notre pièce et nous nous sommes installés dans le séjour. Mon père a construit une paroi pour nous séparer de la salle à manger. L'espace était davantage compté : mes deux frères dormaient sur des lits superposés, moi sur un pliant. Tous les matins, clic, clac, je le refermais.

Cela a dû forger mon côté ordonné : chez moi, rien ne traîne. Quand des amis me rendent visite, au Pyla ou à Paris, ils sont toujours surpris par mon côté maniaque : tout doit être rangé à sa place. Dans ce domaine, je suis inflexible. Un vrai adjudant-chef !

*

L'ambiance dans la cité n'avait rien à voir avec celle de la maison de Talence. Tout le monde était ravi d'être là, et ma mère y a retrouvé une part de la convivialité qu'elle avait connue au Maroc. On ne nous regardait plus de travers – il y avait, d'ailleurs, beaucoup d'autres rapatriés, d'Algérie, de Tunisie ou du Maroc.

La seule personne avec qui nous avons eu un problème, c'est la voisine du dessous. Depuis que son mari l'avait abandonnée, elle passait ses journées à guetter qui venait sur son palier, à travers sa porte entrouverte. Quand nous arrivions, elle éructait :

— Tiens, voilà les Arabes. Arrêtez de voler le lait, sinon je vous dénonce à la police.

Sentiment d'injustice car on ne lui a jamais rien volé.

Sentiment de peur car on se voyait déjà derrière les grilles d'une cellule au commissariat le plus proche.

Un jour, n'y tenant plus, nous avons averti notre mère.

— Ça ne va quand même pas recommencer, tout ce racisme ! Ça suffit ! Je descends la voir.

À peine avait-elle eu le temps de le dire que notre mère frappait à sa porte. Nous observions la scène, cachés sur notre palier.

— Arrêtez d'insulter mes enfants comme ça. Nous ne sommes pas arabes, et, de toute façon, même si nous l'étions, je ne vois pas où serait le problème.

La femme vociférait de plus belle.

— Vos enfants sont des voyous, je vais appeler la police.

Ma mère se laissa gagner par la colère :

— Vous n'êtes qu'une folle, vous devriez arrêter de boire.

Ameutés par ce raffut, tous les locataires de l'immeuble se trouvaient désormais dans la cage d'escalier. Le contraire de ce qu'on espérait : on s'était encore fait remarquer. Mais, cette fois, loin de regarder ma mère avec indifférence, voire mépris, les voisins entrèrent dans la mêlée. Et se rangèrent de notre côté.

— Vous avez raison de ne pas vous laisser faire, mais ne faites pas attention à ce qu'elle dit. C'est une pauvre femme seule...

Pour la première fois, on prenait notre défense.

Mais nous n'étions pas triomphants. Au contraire, même, puisque ensuite, chaque jour, ma mère déposa un litre de lait sur le palier de la méchante femme.

— Mais pourquoi ? lui demandait-on.

— Comme cela, elle ne fera plus d'histoire.

*

Ne pas faire d'histoire, voilà qui nous convenait parfaitement. Cet éternel besoin de nous fondre dans la masse relevait du credo.

En tout cas, après cet esclandre, nos relations avec nos voisins sont devenues plus étroites. Nous avons fait la connaissance des Thoreille, un couple charmant qui habitait sur le palier d'en face. Chaque fois que le mari nous croisait, il s'agenouillait pour nous parler et il nous passait la main dans les cheveux. Nous n'avions jamais connu une telle gentillesse, et cela nous procurait une agréable sensation de douceur et de quiétude.

Nous en avons profité pour lier connaissance avec leurs deux filles, Brigitte et Nicole. En plus d'être ravissantes, elles avaient un atout formidable à nos yeux : elles possédaient un tourne-disque. À la moindre occasion, nous allions chez elles... même si nous aurions préféré qu'elles écoutent un peu moins souvent Julio Iglesias. Le simple fait de ne plus hésiter à rendre visite aux voisins était le symbole de notre intégration progressive.

Notre porte s'ouvrait, elle aussi, de plus en plus souvent. D'autres locataires venaient prendre l'apéro. Anisette, olives, chorizo, tapas. Pour peu qu'il soit midi, ils avaient gagné le déjeuner. Les

Montiel, disait-on, c'est la maison du bon Dieu. Ma mère était déjà la générosité même. D'une certaine manière, elle avait retrouvé l'ambiance de l'immeuble de Casablanca. On sentait son bonheur, elle était sortie de sa coquille.

D'ailleurs, elle ne pleurait plus.

*

Dès qu'il faisait beau, nous descendions dans les terrains vagues autour pour jouer au foot. On se cachait aussi derrière les roseaux et on jetait des cailloux dans l'eau pour déranger les pêcheurs. On tirait sur les rouges-gorges avec des lance-pierres. On essayait de rentrer dans les propriétés aux alentours pour voler des cerises ou des pêches. Une fois, j'en ai ramené à la maison, et ma mère m'a obligé à les rapporter là où je les avais dérobées.

— Reviens quand tu auras les mains vides.

Parfois, on se livrait à de grandes bagarres généralisées. Près de notre immeuble, un lotissement en construction avec été laissé à l'abandon. Les charpentes étaient à moitié montées, et les tuiles qui gisaient au milieu des mauvaises herbes semblaient n'attendre que nous. Comme projectiles, c'était idéal pour de belles batailles rangées, cité contre cité. Et si nous ne nous trouvions pas d'adversaire, on se les jetait entre nous. Visant très bien, j'ai dû ouvrir une dizaine de têtes. Une fois, j'ai même blessé mon frère Georges, et il a fallu le conduire à l'hôpital pour lui faire des points de suture.

*

En quelques mois, de sage comme une image, je suis devenu un enfant dissipé, toujours prêt à faire des conneries, comme si je me lâchais après m'être trop longtemps retenu.

Je me souviens notamment que j'étais fasciné par le feu. J'adorais jeter une allumette dans les poubelles et regarder les flammes jaunes et rouges s'entrecroiser, brasier qui me procurait une réelle jouissance. À tel point que je craignais de devenir un véritable pyromane. Un jour, comme le feu a pris un peu plus que d'habitude, une épaisse fumée est montée dans la colonne du vide-ordures. J'ai eu beau jeter des litres d'eau, rien n'y faisait, la fumée devenait de plus en plus noire tout en dégageant des odeurs de brûlé. Impossible de faire autrement, il fallait prévenir ma mère.

— Il y a de la fumée dans le vide-ordures, ai-je lancé ingénument.

Trop sans doute. Elle a tout de suite compris :

— Ne me dis pas que c'est toi qui as fait ça ?

Les pompiers sont venus, et, après leur départ, j'ai eu droit à l'une des rares trempes reçues de sa part durant mon enfance. En tout cas, je n'ai plus jamais mis le feu aux poubelles. J'avais eu trop peur.

Ouf, je n'étais pas pyromane. Mais d'autres feux allaient attiser mes passions.

Chapitre 9

America, America...

À l'école, mes bulletins se terminaient toujours par la même phrase : « élève bavard et dissipé ». Une prémonition ?

J'étais néanmoins dans la tête de la classe. On disait aussi que j'avais des possibilités. Si j'ai toujours été bon en français, par souci d'intégration sans doute, comme une manière de prouver que j'étais bien du pays, en revanche, en calcul puis en mathématiques, c'était plus difficile : les chiffres n'ont jamais été mon fort.

À partir de la sixième, je me suis mis à exceller dans deux matières : l'anglais et l'espagnol. Il est vrai que j'avais de bonnes raisons d'avoir une longueur d'avance dans ces disciplines : tous les ans, nous allions passer nos vacances en Espagne !

*

Notre périple commençait aux environs de Madrid, la sœur de ma mère habitant à la base américaine de Torréjon depuis qu'elle avait épousé un Yankee. Il s'appelait William Umstead, mais tout le monde l'appelait Bob. C'était un grand costaud de plus de un mètre quatre-vingt-dix, blond, les cheveux taillés en brosse, calme, patient, sécurisant pour les siens.

Originaire de Tucson, Arizona, il avait servi au Viêt-nam dans l'armée de l'air où il avait été victime d'un attentat. Sa Jeep avait sauté sur une grenade, tous les passagers étaient morts, sauf lui, resté paralysé durant deux ans. Quand il avait fini par se remettre, il avait demandé sa mutation en Espagne, le pays natal de son épouse, qui, pendant ces années-là, avait sombré dans la dépression.

La base militaire constituait une sorte d'enclave, de petite Amérique en terre espagnole. Il fallait présenter ses papiers à l'entrée, mais on y achetait, en dollars, de la nourriture et des fringues américaines. Le jean Levis et les chemises hawaïennes représentaient la tenue de rigueur. C'était « un autre monde », pour reprendre le titre du joli film d'Alain Corneau qui se déroule dans une base américaine, non pas en Espagne, mais du côté de Châteauroux.

C'est en tout cas avec Bob que j'ai découvert le mode de vie américain. Une chose me frappait beaucoup : mon oncle ouvrait le réfrigérateur à n'importe quelle heure du jour ou de la nuit pour boire un soda ou grignoter. Parfois, à 5 heures de l'après-midi, on le voyait manger goulûment un hamburger dégoulinant de ketchup. Tout le contraire de la sempiternelle antienne que l'on nous ressassait :

— On ne mange pas entre les repas.

Fou de jazz, il en écoutait toute la journée : Charlie Parker, Nat King Cole, Frank Sinatra. Parfois, devant notre tête navrée d'entendre ces airs pour nous d'un autre temps, il demandait :

— Ça ne vous dérange pas ?

Seule ma tante osait répliquer :

— Baisse ta musique.

Ni une ni deux, pas vexé pour un cent, il branchait son casque.

Ses deux enfants, Matthew et Billy, étaient fans des Jackson 5, ce qui nous plaisait davantage. Mieux, ils avaient chacun leur chambre, comble pour nous du luxe.

*

Vers la fin du mois de juillet, mon oncle nous emmenait à Marbella.

Dans sa voiture... américaine, évidemment ! Une gigantesque station-wagon, comme on appelait alors leurs immenses breaks, avec des portes plaquées de bois précieux et des chromes rutilants. Sur la banquette à l'avant s'installaient mon oncle, ma tante et ma mère, tandis que nous, les enfants, nous nous posions sur les deux banquettes de l'arrière. On se serait cru dans un film du début des *sixties*.

Sur la route, la chaleur n'était pas un problème : il y avait la clim'. De toute façon, les vitres s'ouvraient électriquement, ce qui nous semblait le summum du modernisme.

Comme Bob était payé en dollars, il bénéficiait d'un train de vie bien supérieur à la moyenne des Espagnols. L'Amérique étant pour moi synonyme de technologie, de facilité, d'abondance et de richesse, j'avais une grande vénération pour lui. Peut-être, me disais-je, j'irai là-bas, dans le pays où tout semble possible.

En outre, en côtoyant les autres Américains de la base, j'avais eu l'occasion d'apprécier leur ouverture d'esprit, leur manière de recevoir, leur capacité à rester toujours accueillants, même si, plus tard, j'en ai vu les limites.

Chaque été, Bob et les siens constituaient donc pour nous un rayon d'exotisme. Une touche de rêve. S'ils vivent désormais au Nouveau-Mexique, quand je vais dans cette région des États-Unis, je ne manque jamais d'aller les voir.

Chapitre 10

Un air de vacances

Mon père, qui travaillait durant tout le mois de juillet, nous rejoignait directement en Andalousie, avec sa Renault 4 CV trois vitesses, puis avec sa Citroën Ami 8. Nous passions en effet tout le mois d'août dans le fief de ma mère, Mijas, sur les collines de Fuengirolla, entre Marbella et Torremolinos. Un petit village typique du style andalou avec sa fontaine sur la place centrale et ses maisons blanches.

On logeait chez notre cousin, le curé. Un homme sérieux, très investi de sa mission, bourré d'humour. Et, là-bas, le curé, c'est la personnalité de la ville. Comme mes parents n'avaient pas beaucoup d'argent, nous habitions sa grande maison où vivait également mon arrière-grand-mère. Qui passait ses journées assise dans un fauteuil à bascule. Parfois, quand on nous demandait de la garder, nous restions jouer près d'elle. D'un coup, elle s'amusait à figer son regard et à nous faire croire qu'elle avait eu un malaise, ce qui avait pour effet de nous terrifier. Un vrai tempérament que cette femme, morte à cent quatorze ans. Dans la famille, qu'on le sache, on vit vieux : ma grand-mère a atteint ses cent ans !

*

Quelques années plus tôt, un Américain s'était installé au village.

Il avait fait construire une maison à flanc de colline dont, de la route, on ne voyait rien, sinon des jasmins, des bougainvillées, des *damas de noche*, des fleurs blanches qui s'ouvrent la nuit et distillent un parfum extraordinaire. La villa singeait une sorte de palais hollywoodien comme on en voit sur les coteaux de Beverly Hills, avec une superbe piscine. Comme il avait autorisé sa femme de ménage à profiter de sa piscine quand il n'était pas là, c'est-à-dire la plupart du temps, et que celle-ci était une copine de ma mère, elle nous emmenait avec elle. Là, on jouait dans l'eau, ou se régalait de la vue sur la baie, sans toutefois jamais entrer à l'intérieur de la maison. À travers les vitres, elle nous montrait néanmoins le salon de marbre et la chambre grande comme notre appartement tout entier.

C'est la première fois que je me suis dit : il faut

que je gagne de l'argent pour m'offrir une maison comme celle-ci.

*

En Espagne, nous aurions pu être considérés comme des étrangers, pourtant nous avons toujours été bien reçus. Pas l'ombre d'un problème, jamais le moindre regard désobligeant. On était même bien vu.

Là-bas, la vie semblait d'ailleurs plus facile. On se baignait toute la journée et on revenait, le soir, la peau calcinée par le soleil. Le midi, on déjeunait de tapas et de poissons grillés dans les *merenderos*, qui sont à l'Andalousie ce que sont les paillotes à la Corse. C'était le seul moment de l'année où nous pouvions entrer dans un restaurant. Aussi, nous nous estimions privilégiés.

Du reste, quand nous revenions dans notre HLM début septembre, nos vacances occupaient des jours entiers de conversations avec nos copains. Deux mois à l'étranger, ils n'en croyaient pas leurs yeux, nous prenant même pour des riches. En fait, à l'époque, le cours de la vie était bien moins élevé en Espagne que dans l'Hexagone. Et, comme là-bas nous n'avions pas de logement à payer, cela nous revenait moins cher que de rester au pays... Mais cela, évidemment, nous nous gardions bien de le leur expliquer.

⋆

Depuis ces années d'insouciance, j'ai gardé un faible pour l'Espagne. J'aime son soleil, ses odeurs, ses traditions, son architecture mauresque, ses plats, comme la paella ou les churros, des beignets qu'on mangeait avec le sacro-saint café au lait du matin.

Enfant, avec mes frères, nous nous disions toujours : les Espagnols ont l'air plus heureux que nous, enviant leur art de vivre. Chaque fois que je me demande où je pourrais habiter ailleurs qu'en France, je me dis que c'est là, sur ces terres de nostalgie, ces arpents de soleil où j'ai passé mes étés d'enfant, que j'aimerais m'installer.

Et cet hiver, dans mes jours les plus noirs, quand je me disais que j'allais tout vendre pour recommencer ailleurs, il m'arrivait de penser que c'est là que j'aimerais, pourquoi pas, ouvrir un hôtel !

Chapitre 11

L'humiliation

À Bègles, j'avais trouvé mes marques. Je me sentais enfin intégré, tout allait bien. Après la seconde, mes bons résultats scolaires m'ont ouvert même la voie du lycée Montaigne, le plus chic établissement de Bordeaux. Le jour de l'appel, j'ai bien cru, hélas, que tout allait toutefois repartir.

— Montiel, Bernard, né à Casablanca...

Mais l'heure n'était heureusement plus à rejeter les rapatriés.

En revanche, le lycée était fréquenté par la bourgeoisie de la ville, et j'ai tout de suite senti le poids de ce qu'on n'appelait pas encore la fracture sociale. J'arrivais en bus, alors que mes camarades se faisaient déposer par leurs parents. Ma mère avait beau mettre un point d'honneur à ce que nous soyons toujours bien habillés, de toute évidence, un petit quelque chose faisait qu'on décelait mes origines modestes. Et à Bordeaux, ville à la bourgeoisie puissante mais discrète, c'est le genre de « tare » qui ne pardonne pas.

Je n'allais pas tarder à en faire la cruelle expérience.

*

Quelques semaines après la rentrée, j'avais déjà ma fiancée : une jeune fille angélique avec de beaux cheveux roux bouclés et un regard turquoise. Michèle. Michèle M.

Son père était haut fonctionnaire aux douanes, mais notre différence de classe sociale ne semblait pas la gêner. J'étais soulagé. Nous sortions ensemble comme deux adolescents pouvaient flirter à cette époque : récrés passées en tête à tête et petits bisous furtifs échangés dès que nous étions sûrs que personne ne nous voyait.

*

Un jour, elle m'annonça qu'elle allait fêter son anniversaire chez ses parents, place de la Bourse, l'un des lieux les plus huppés de la ville.

— On sera une vingtaine. On va faire la fête. Tu viendras ?

Je n'avais jamais été invité à célébrer un anniversaire.

De temps en temps, le jeudi après-midi, au bloc,

comme on appelait notre HLM, nous installions un tourne-disque dans le local des deux-roues et improvisions des boums en écoutant T Rex, Gary Glitter ou Elton John. On y fumait aussi des cigarettes en cachette, en cherchant à embrasser les filles, mais c'était à la bonne franquette.

Pour moi, l'invitation de Michèle traduisait donc une sorte d'apothéose.

De retour à la maison, j'en parlai immédiatement à ma mère.

— Tu sais que ses parents sont riches. Il faudra bien te tenir. Et puis, il faudra que tu sois bien habillé.

Elle a tout de suite passé en revue mes vêtements.

— Ce pantalon, ça ira, ces chaussures aussi. En revanche, il faudra que je t'achète une veste...

⋆

Dès lors, elle a commencé à mettre de l'argent de côté, voulant constituer une cagnotte pour acquérir la fameuse veste. Pour elle, c'était un sacrifice, mais aussi une manière de pénétrer par procuration dans un univers qui la faisait rêver. Elle se disait : « Mon fils va rentrer dans le grand monde, il le mérite, c'est le destin qu'il doit avoir. » Être reçu dans une maison comme celle de Michèle, c'était déjà devenir quelqu'un.

Un jour, elle repère une veste dans un magasin.

Je l'accompagne pour l'essayer. Tissu beige clair, col Mao, comme c'était la mode. J'allais avoir fière allure, c'est sûr. Quand j'ai vu l'étiquette, j'ai été estomaqué : le prix était exorbitant pour une famille modeste comme nous. Mais ma mère, trop heureuse de me voir accueilli dans ce Bordeaux qui nous avait rejetés à notre arrivée, acceptait sans sourciller de consentir un tel sacrifice.

— Tu en prendras soin, tu la garderas longtemps. Après, ne me demande plus rien, me dit-elle.

Tous les soirs, quand je rentrais à la maison, j'admirais la veste dans l'armoire. Sûr de l'effet que j'allais produire. Ému de cristalliser les rêves de ma mère. Fier d'être convié dans un monde où mes frères aînés n'avaient aucune « entrée ».

*

Arrive le jour J.

Je m'habille, ma mère me donne un dernier coup de peigne et s'assure que je suis impeccable. Pas un fil ne dépasse...

— Tu es magnifique, tu vas lui plaire.

J'enfourche mon Solex et traverse la ville. Comme il n'est pas question de montrer que je circule avec un engin aussi rudimentaire, je prends soin de le cacher à quelques rues de l'hôtel particulier de Michèle.

Devant la lourde porte de bois XVIIIe siècle, je

saisis le gong en cuivre. Je suis persuadé que Michèle va m'ouvrir puisque chez nous, quand la sonnerie retentit, on se bat pour être le premier à la porte. Un invité, c'était une attraction, une occasion de briser la routine. Mais, non, là, c'est un homme qui me fait face. Il a les cheveux gominés, une raie qui semble avoir été dessinée avec une règle, une cravate noire, des gants blancs. Sur le coup, je crois presque qu'il s'agit d'un invité, n'ayant jamais vu de domestique de ma vie.

— Bonjour, je suis Bernard. Je crois que je suis attendu...

L'homme fronce le sourcil et jette un œil sur une liste.

Un mauvais pressentiment s'empare de moi.

À juste raison puisque, très poliment, il reprend :

— Je regrette, mais vous n'y êtes pas.

— Il doit y avoir une erreur.

— Non, désolé, monsieur.

Mon souffle se coupe, net. Je ne vais quand même pas lui dire :

— Michèle est ma fiancée.

⋆

Du pas de la porte, j'observe ce que je peux entrevoir de sa maison. Les grands carreaux noirs et blancs qui décorent le sol. L'immense chandelier posé sur une console dorée. J'entends même, au fond, la musique, les conversations, les rires.

Au moment où l'employé de maison s'apprête à refermer la porte, une femme se dirige vers moi. Tailleur strict, des cheveux blonds tirés en chignon, un collier de perles, la quarantaine raffinée et délicate : Grace Kelly dans sa période Hitchcock. Elle s'approche, un discret sourire aux lèvres, et m'assène aussi doucement que fermement :

— Bonjour, je suis la maman de Michèle. Je sais qui vous êtes, mais vous n'êtes certainement pas invité. Désolée. Au revoir...

À cet instant, j'aurais voulu mourir.

Comme Michèle m'a convié et qu'il n'existe aucun doute sur sa volonté de me voir, je me perds en conjectures. Que s'est-il passé ?

D'un coup, je me mets à réaliser que d'autres invités risquent d'arriver. Ne voulant surtout pas qu'ils découvrent ma détresse – je n'aurais pas supporté qu'ils soient témoins de mon humiliation –, je choisis de m'enfuir comme un voleur, sans même attendre que la mère de Michèle ne referme la porte. C'est comme un tourbillon de questions dans ma tête. Un mélange de tristesse, de sentiment d'injustice et de colère.

*

En retrouvant mon Solex à quelques rues de là, alors que je ne pleure jamais, de lourdes larmes coulent sur mes joues. Or la seule fois où j'avais versé des larmes, c'était pour la mort de Christian Costa, mon jeune cousin victime d'un accident de la route.

Et là, elles coulent, roulent, mes larmes. Impossible de les arrêter : j'ai l'impression de me vider de ma douleur, comme si je n'avais plus la moindre maîtrise de moi-même.

Une angoisse me saisit soudain : que vais-je dire à ma mère ? Elle qui a tant investi dans cet anniversaire, peut-être plus que moi, finalement, comment va-t-elle réagir ?

À chaque feu rouge, j'essaie de m'essuyer les yeux, mais rien n'y fait. Je m'aperçois que les automobilistes me regardent pleurer. Gêne, malaise, honte, c'est vous que l'on rejette, mais c'est vous qui vous sentez coupable.

Ma tête bouillonne de pensées noires : j'ai l'impression d'avoir tout raté. L'horizon me semble opaque.

Les yeux embués par le chagrin, je vois à peine la route. Qu'importe, je la connais par cœur. Mais, en arrivant à Bègles, je freine un peu trop. Mon Solex dérape sur des cailloux, je tombe et glisse sur la chaussée, jusqu'au trottoir.

Je me relève. Je n'ai rien.

Sauf que ma veste est déchirée au niveau du coude.

La fameuse veste...

⋆

Arrivé au « bloc », je file me réfugier dans un coin derrière notre immeuble où j'ai toujours aimé m'isoler à quelques mètres de notre appartement. J'oscille entre souffrance, colère, résignation, soif de revanche, partagé entre l'idée de retourner et de tout casser dans cette famille qui m'a meurtri et l'envie de disparaître à tout jamais.

Je viens de recevoir la plus grande gifle de ma vie.

Tout en restant prostré dans mon refuge, j'imagine la déception de ma mère si je lui raconte la vérité.

⋆

8 heures du soir. La boum doit être terminée, il faut que je rentre à la maison. Dans ma chute, je me suis abîmé le menton. Ayant saignoté, j'essaie de m'essuyer maladroitement.

Il ne me reste plus qu'à prendre mon courage à deux mains et à rentrer chez nous. Avant d'ouvrir la porte, je prends soin de retourner la veste, de la plier et de la glisser sous mon bras.

Quand elle me voit, ma mère remarque tout de suite les traces de sang.

— Qu'est-ce que tu t'es fait ?

— Je suis tombé en arrivant. Tout va bien, dis-je dans un souffle.

Déjà elle me passe un coton imbibé d'alcool sur le visage. C'est à ce moment-là que je l'entends me demander :

— Alors, c'était comment ?

Comme je n'ai pas osé lui révéler la vérité, je lui ai raconté ce que j'avais espéré voir. Des lustres en cristal, des plafonds très hauts, des bibliothèques remplies de livres, un grand escalier, des tables décorées de fleurs et de gâteaux, des jus de fruits à profusion, une vue somptueuse sur la Garonne, une incroyable collection de disques... J'ai passé une heure à lui inventer une jolie histoire pour qu'elle soit fière de son fils.

— Et Michèle ?

— Elle a été adorable. Sa mère aussi : elle m'a tout de suite fait la bise...

À ce récit imaginaire, j'ai senti que ma mère était heureuse.

— De toute façon, tu vivras dans ce monde-là. Tu es fait pour ça.

Maman en a toujours été persuadée. Je me souviens ainsi que, lorsqu'elle tombait sur un vieux *Jours de France*, elle me disait toujours :

— Toi, on te verra dans les journaux.

Pourquoi moi plus que mes frères ? Je ne lui ai jamais posé la question, mais le temps lui a donné raison.

*

Ce soir-là, on s'en doute, je ne rêve que d'une chose : être tranquille. Me retrouver seul avec moi-même et mes rêves enfuis.

Mais voilà que mes frères arrivent. Il faut réitérer les mensonges. Je n'ai qu'une hâte : qu'il soit l'heure de se coucher pour continuer à pleurer en solitaire.

Mais mon frère voit mon chagrin et, le lendemain, vend la mèche lors du petit déjeuner.

— Bernard a pleuré hier soir !

Heureusement, ma mère ne l'a pas cru.

*

Restait un problème : la veste. Comme je ne voulais pas avouer qu'elle était déchirée, j'ai mis la voisine dans la confidence :

— Qu'est-ce que je peux faire ?

— Il faut l'apporter chez un couturier pour qu'il stoppe la déchirure. J'en connais un..., me dit-elle.

Tout mon argent de poche est passé dans l'opération. Je dois avouer que le résultat fut miraculeux : on ne décelait plus rien. Le problème, c'est que la veste resta près d'un mois chez le stoppeur et qu'une fois ma mère faillit se rendre compte de sa disparition.

— C'est bien beau de faire le joli cœur, mais ta veste, il faut la mettre...

Ayant la présence d'esprit de lui dire que je

l'avais laissée chez un copain, elle n'a pas cherché à en savoir plus. Tout juste a-t-elle répliqué :

— Tu es fou, une veste de ce prix...

En fait, ma mère n'a jamais su ce qui s'était réellement passé le jour de l'anniversaire de Michèle. Elle n'a jamais soupçonné non plus la réparation de la veste.

*

Le lundi suivant, au lycée, j'ai évidemment essayé d'éviter Michèle. À un moment, elle est quand même parvenue à me coincer.

— Pourquoi tu n'es pas venu ?

Elle n'était donc pas au courant. Par fierté, j'ai d'abord failli lui expliquer que j'étais malade, mais, finalement, j'ai préféré lui raconter la vérité.

— Quand je suis arrivé, un monsieur m'a dit que je n'étais pas sur la liste.

— Mais bien sûr que tu étais dessus !

— Une femme m'a confirmé aussi que je n'étais pas invité.

Michèle, ayant tout de suite compris qu'il s'agissait de sa mère, s'emporte :

— Mais c'est dégueulasse !

Et là, elle l'a traitée de tous les noms d'oiseaux, me jurant même qu'elles allaient s'expliquer le soir même.

Le lendemain matin, mon amie m'a pris à part.

— Écoute Bernard, j'ai eu une discussion avec

ma mère. Et elle m'a confié ne pas avoir voulu que tu entres parce que tu habites Bègles. Elle m'a dit aussi que tu es d'une famille d'ouvriers communistes, donc que je n'avais pas à te fréquenter. Il n'y a aucun avenir possible entre nous !

À l'époque, socialistes et communistes venaient de signer le Programme commun de la gauche, et les grands bourgeois avaient une peur bleue des « Rouges ». Ils s'imaginaient que les chars russes allaient débarquer en France si la « coalition » l'emportait.

J'étais estomaqué d'entendre de telles inepties. Et plus Michèle s'expliquait, plus elle me faisait mal. Quand je lui ai demandé ce qu'elle pensait de tels propos, elle me répondit en un sourire :

— On s'en fout. C'est des conneries...

Quoi qu'il en soit, cette affaire a coupé net notre relation. J'étais trop blessé pour avoir le courage de courir le risque d'une autre humiliation ou d'avoir à affronter la rigidité de sa mère. Et quand celle-ci venait chercher sa fille au lycée, je mettais tout en œuvre pour l'éviter.

Une fois pourtant, je suis tombé nez à nez sur elle. J'aurais voulu la toiser, mais j'ai baissé la tête : quand on est adolescent, on n'est pas aussi fort qu'on l'espère, surtout face aux marques de rejet.

De ma vie, je crois n'avoir jamais été autant mortifié que lors de cet anniversaire. Aujourd'hui, ma notoriété aidant, je suis reçu dans le Bordeaux le plus chic, la ville m'a adopté et j'y compte mes meilleurs amis mais jamais je n'oublierai le bruit sourd de la porte de l'hôtel particulier de la place de la Bourse lorsqu'elle s'est refermée sur moi. Comme si j'avais été un moins-que-rien qui cherchait à s'introduire par effraction dans un monde pas fait pour lui !

Chapitre 12

Quelques émois

L'année du bac. Celle des examens et des premiers émois.

J'ai passé un bac B, spécialisé en sciences économiques et sociales. 14 en économie, 16 en espagnol, autant en anglais. Il est vrai que, pour m'enseigner la langue de Shakespeare, j'avais une prof qui ne manquait pas d'humour. Son fils en a encore davantage. Je m'en suis en effet rendu compte en allant voir l'un des premiers spectacles de Muriel Robin, dans un petit théâtre du Marais. Ce jour-là, un garçon qui semblait avoir grandi trop vite, l'allure dégingandée, me prend à part.

— Ma mère a été votre prof, me dit-il en se présentant comme l'auteur de plusieurs sketches.

Son nom ? Pierre Palmade...

*

Au lycée, j'avais une seule faiblesse : les maths. 6 au bachot !

En fait, j'étais tombé amoureux de la prof, Mme Basse-Catalinat, et, au lieu d'écouter ses cours, je préférais regarder ses jambes. Effilées, interminables, gainées de nylon noir. Sa manière de marcher était proprement affolante. Je passais même mon temps à écrire des poèmes maladroits à son sujet.

Est-ce son regard qui m'attire
Non c'est son sourire
Qui me fait fondre de plaisir

Chaque fois qu'elle passait, je cachais mon cahier, terrorisé à l'idée qu'elle le découvre et lise mes vers de mirliton. L'ennui, c'est que n'étant évidemment pas au courant des sentiments que je lui portais, elle s'énervait chaque fois qu'elle me surprenait la tête dans les étoiles.

— Évidemment, Bernard n'écoute pas...

Mon grand plaisir consistant à lui parler en tête à tête après le cours, pour arriver à mes fins j'inventais toutes sortes de prétextes :

— Est-ce que vous donnez des cours du soir ?

Je n'ai jamais pris de cours du soir...

*

Il y avait une autre femme dont j'étais follement amoureux, mais celle-ci habitait notre cité. Elle roulait en Alpine Renault bleu métallisé, arrivait en bottes noires et short de cuir assorti, affichait un bronzage insolent été comme hiver. C'était en somme Brigitte Bardot en brune, une Barbarella réincarnée.

Curieusement, ma mère est devenue très amie avec elle. Sans doute enviait-elle sa liberté et sa manière de se moquer du qu'en-dira-t-on.

Quand Flore – c'est son prénom – venait lui raconter sa vie, j'écoutais, caché derrière la porte de ma chambre, avide de ses récits et de ses aventures. Je me souviens de l'avoir un jour entendue évoquer un voyage en avion où on lui avait servi du caviar et du champagne à volonté, fasciné par de telles confidences, moi qui n'avais jamais pris l'avion, ni mangé de caviar, ni bu de champagne.

Peu à peu, à force de discrétion et d'insistance, j'ai réussi à établir le contact.

— Toi, il faut que tu gagnes des sous pour voyager et gâter les plus belles femmes du monde, me dit-elle.

J'étais aux anges.

Mon père, lui, la regardait d'un œil un peu suspect, à l'image des autres habitants de la cité qui colportaient les pires rumeurs à son propos. Un jour, il a lâché :

— C'est une prostituée.

Maman, vexée que l'on discrédite Flore, est alors montée au front :

— Ne dis pas un mot de travers sur elle, c'est mon amie.

Fin du débat, Papa n'a plus jamais reparlé de Flore.

En fait, cette beauté sculpturale était amoureuse d'un milliardaire italien qui la couvrait de cadeaux pour faire oublier ses absences répétées et, qui sait, ses infidélités.

Mais, en plus d'être superbe, son plus grand mérite résidait à mes yeux dans le fait qu'elle incarnait la femme dans toute sa beauté épanouie, ainsi que la joie de vivre, le sens de la fête, le goût de la *dolce vita*. Comme elle adorait la musique, elle sortait non pas pour draguer, mais pour s'amuser.

⋆

C'est Flore qui m'a fait découvrir le monde de la nuit, tout en m'en montrant les limites.

Avant même d'avoir dix-huit ans, j'ai en effet commencé à sortir avec elle en boîte. Avec la seule permission de ma mère puisque mon père, lui, n'était pas au courant. Elle m'a emmené dans les lieux les plus chics de Bordeaux. J'étais admiratif et bluffé parce que, chaque fois, on lui réservait un traitement VIP : tapis rouge et champagne.

Nous fréquentions notamment la Tour des Templiers, un lieu select où je m'étais lié d'amitié avec le fils du patron. Celui-ci, censé tenir les platines, était tellement dragueur qu'il n'hésitait pas à abandonner la musique pour aller faire la cour aux plus jolies filles de la soirée. Et un jour, ayant repéré une proie à son goût, il me lança tout de go :

— Remplace-moi.

Ni une ni deux, moi qui ne demandais pas mieux, je fis mes premières armes de disc-jockey. Une expérience qui se renouvela à maintes reprises. Dans la cabine, entouré de centaines de disques, les doigts jonglant sur les potentiomètres, le micro pour moi tout seul, j'avais l'impression d'être le roi du monde.

Une fois, il m'a même proposé de le remplacer toute une soirée. Lorsque, aux dernières heures de l'aube, je suis parti, j'ai vu sa mère arriver pour me donner une enveloppe. Interloqué, je n'avais pas imaginé être payé. Et surtout, je n'avais jamais vu autant d'argent de ma vie.

Par la suite, j'ai souvent pris la place du D-J fantasque, aubaine qui m'a permis de m'offrir des vêtements, puis des cours de permis de conduire et enfin ma première voiture.

⋆

Flore se montrait très chatte avec les hommes, mais finissait toujours par les envoyer promener avec une autorité incroyable. Son franc-parler m'amusait, et j'adorais la voir jouer de la faiblesse de ses conquêtes. Elle cherchait à les dominer puis, quand elle y était parvenue, elle les abandonnait. Une vraie mante religieuse.

Après son Italien fortuné, elle s'est éprise d'un homme moins riche et a lâché son niveau de vie élevé sans regrets. Elle en avait assez d'être une femme seule traînant dans les night-clubs pour oublier sa solitude.

Avec Flore, je ne suis jamais allé au bout de notre histoire : nous en sommes restés au registre du fantasme qui, c'est bien connu, est d'autant plus excitant qu'il n'est pas réalisé. En outre, comme elle est plus âgée que moi, j'aurais eu l'impression d'usurper sa confiance ! Et puis, je peux l'avouer aujourd'hui, j'avais peur de la perdre puisque, jusque-là, toutes les histoires d'amour que j'avais connues s'étaient mal terminées.

D'ailleurs, elle me disait souvent :

— Mieux vaut être mon ami que mon amant.

C'est sans doute pour cette raison que, plus de trente ans après, Flore fait toujours partie de ma vie.

Quelques années plus tard, nous avons même partagé une échoppe – une de ces maisons bordelaises typiques avec un jardin – sur les boulevards extérieurs de Bordeaux, et elle est restée l'une de mes plus proches confidentes. Aujourd'hui, elle tient un petit restaurant à Cubzac-les-Ponts, et, lorsque j'ai des tracas, j'aime aller dîner chez elle. Avec Flore n'existent aucun mensonge, aucun faux-semblants. C'est une femme qui ne triche pas. Tout ce que j'aime.

Chapitre 13

Service compris

Mon père m'avait toujours dit :

— Tu es bavard et tu es malin, tu seras avocat...

Les choses lui semblaient aller de soi... mais, moi, j'en étais moins sûr.

*

Néanmoins, je me suis inscrit à la fac de droit.

Il ne m'a pas fallu plus de quelques semaines pour comprendre que je faisais fausse route.

La fac n'était pas adaptée à mon tempérament : j'avais l'impression d'être livré à moi-même et... j'en profitais au mauvais sens du terme. Faute de contrôle, je séchais les cours plus souvent qu'à mon tour. Les vieilles menaces de mon père semblaient loin. En fait, je m'étais laissé griser par la vie facile que m'autorisaient mes petits boulots de disc-jockey.

De toute évidence, il était inutile d'attendre les examens de juin pour savoir que j'allais être recalé.

Aussi, convaincu que j'étais en train de perdre mon temps, j'ai décidé de devancer l'appel. Le service militaire m'attendait.

*

Direction : Mont-de-Marsan pour les classes.

Affecté dans l'armée de l'air, j'arborais le calot, le spencer et la chemise bleus. Le *look* du parfait aviateur... sauf que je n'avais jamais pris l'avion de ma vie.

Étant parti en avril, j'ai donc fêté mes vingt ans là-bas. Autant dire que je m'étais fait une tout autre idée de cette journée importante...

*

Avec le service militaire, pour la première fois je quittais la maison. Oubliées ma chambre, mes habitudes, la cuisine soignée de ma mère, l'ambiance fraternelle, les petites attentions... je me suis retrouvé mêlé à des troufions venus de tous les horizons.

Et dans une chambrée de jeunes issus des campagnes environnantes. Comme la moitié ne savait ni lire, ni écrire, étant le plus cultivé, je m'occupais de leur courrier. Des missives de toutes sortes. Je m'amusais ainsi à rédiger tantôt de belles lettres romantiques, me lançant dans de grandes envolées lyriques destinées à leurs copines restées dans leurs villages, tantôt des courriers plus secs pour quelques administrations ou parents qui n'avaient pas à tout savoir. En fait, je suis devenu une sorte d'écrivain public du régiment, rôle que je partageais avec un instituteur qui, lui, voulait à tout prix se faire réformer. Pour cela, il s'était d'ailleurs mis en tête de se faire passer pour fou. L'ennui, c'est qu'il a fini... fou et qu'il est resté six mois à l'hôpital.

Je n'avais rien en commun avec la plupart des jeunes qui partageaient ma vie. Leur seule ambition était de se marier et d'avoir des enfants qui reprendraient leur terre, comme ils allaient eux-mêmes la reprendre à leurs parents. Mais je n'en garde pas un mauvais souvenir : il est toujours important de voir comment les autres vivent pour s'évaluer soi-même.

Surtout à cet âge.

*

Au bout de deux mois, le sergent-chef nous réunit dans la cour.

— Qui a le permis de conduire ?

En général, à ce genre de question, il ne fallait surtout pas répondre, sous peine de se retrouver à éplucher les patates ou de corvée de latrines. Je ne sais pas pourquoi, mais instinctivement je me suis tout de suite lancé :

— Moi !

— Alors tu vas être secrétaire des aumôniers à Bordeaux.

Effectuer son service dans sa propre ville, c'était le rêve. Tout le monde a cru que j'étais pistonné alors que j'avais juste eu la bonne idée, l'intuition même, de bien répondre au bon moment : les aumôniers avaient en effet besoin d'urgence d'un chauffeur.

*

Je me suis donc retrouvé à l'état-major de la base aérienne Fauché, secrétaire des aumôniers régionaux, un pasteur et un prêtre catholique.

Le pasteur était sérieux, mais le prêtre déconneur. Parfois il me demandait :

— Tu as faim ? Bon, on ne va pas aller bouffer à leur cantine de merde, on se casse.

Alors nous prenions la voiture et allions nous goberger dans des petits restos en ville. Ou chez des copains à lui.

Les deux aumôniers étant particulièrement respectés à la base puisque toutes les portes s'ouvraient devant eux, ils représentaient pour moi le meilleur laissez-passer du monde. Grâce à cette affectation née du hasard, j'allais donc passer une armée de rêve.

Le seul problème rencontré a été lié à mes rapports avec la notion d'autorité. Au fond, comme j'en ai toujours eu, je dois être une sorte de rebelle.

*

Un sergent-chef m'avait ainsi pris en grippe.

Costaud, les yeux bleus, les cheveux rasés, brut de décoffrage pour ne pas dire pire, il se disait : « Un planqué pareil, je vais me le payer. » Et un soir, pour une peccadille, il me colle de corvée tout le week-end alors que le prêtre m'avait laissé sa R16 pour aller à la plage. Je courbe l'échine et fais profil bas.

Quelques jours plus tard, sans aucune raison, il me prend à part et me balance :

— Toi, tu te fous de ma gueule, une semaine au trou.

Interloqué, agacé d'une telle injustice, je lui demande *illico* pourquoi.

— Pourquoi ? Tu insistes ? Tu veux deux semaines ?

Me voilà donc au trou.

Une expérience pas si dramatique que cela puisque je faisais le mur tous les soirs. Étant gardé par d'autres appelés, ceux-ci me laissaient partir faire le tour des boîtes environnantes, à condition que je sois rentré à 5 heures du matin, l'heure à laquelle les gradés arrivaient.

Le sergent-chef a-t-il flairé la supercherie ?

Toujours est-il qu'un jour il s'est pointé à 4 h 30. Mais quand il a poussé violemment la porte de ma cellule, comme dans les films, je dormais à poings fermés sur ma couche rudimentaire.

Cette nuit-là, je n'avais rien à faire dehors, alors j'étais sagement resté dans ma cellule !

Chapitre 14

Tiraillements de famille

Après tant de garçons, mes parents voulaient absolument une fille. Le bonheur arriva avec la venue au monde de Marie-France. Une cadette qui a capté toutes les attentions et a accaparé ma mère. Mais tandis que, comme nous, ma sœur grandissait, Maman se trouva peu à peu désœuvrée. Pour une femme qui avait voué ses jeunes années à l'éducation des siens, se retrouver sans centre d'intérêt premier installa une sorte de vide dans sa vie.

*

Un jour, en lisant *Sud-Ouest*, elle est tombée sur une petite annonce : « Pressing cherche repasseuse à mi-temps ».

Voulant gagner un peu d'argent et ne pas voir

le temps filer entre ses doigts sans agir, elle s'est présentée et a tout de suite été embauchée. Il est vrai que le repassage était sa spécialité. Pour les cols de chemise, je n'ai jamais connu mieux que son coup de fer, un tournemain que notre fatma marocaine lui avait enseigné.

Ses patrons appréciaient tellement son travail que la patronne ne confiait qu'à elle les vêtements les plus délicats, les robes de soirée des femmes de notables ou les habits de Roberto Benzi, chef de l'orchestre philharmonique de Bordeaux à l'époque. Ma mère en tirait une vraie gloriole, gagnée par l'impression d'entrer dans un milieu qui la faisait rêver, même si c'était par le petit bout de la lorgnette... ou la pointe du fer à repasser.

*

Mais sa plus grande fierté était de gagner – enfin – son propre argent. Pour la première fois, Maman pouvait s'acheter des tenues sans avoir de comptes à rendre. Dès lors, nous l'avons vue s'ouvrir à la vie, s'épanouir, s'affranchir même. En revanche, une telle révolution déstabilisa mon père. Aussi, pour traduire son malaise, il ne pouvait s'empêcher de trouver en permanence quelque chose à redire. Une remarque par-ci, un reproche par-là... la tension montait.

Une fois où ma mère s'était offert une robe plus courte que d'habitude – enfin, à peine, car elle s'est toujours habillée avec beaucoup de discrétion –, il lui lança :

— Tu ne vas quand même pas sortir habillée comme ça. Qui veux-tu aguicher ? Quel est ton genre de travail maintenant ?

En fait, Papa sentait que sa femme lui échappait.

Un autre jour, alors que j'avais déjà quitté la maison mais que j'étais venu déjeuner, je les ai vus se disputer violemment à table. Eux qui, d'ordinaire, ne disaient rien et m'avaient habitué au règne des non-dits.

— Dès que ta fille à dix huit ans, je te quitte, asséna Maman.

En entendant cette affirmation, j'ai tout de suite compris qu'elle disait vrai. Une froide détermination émanait de ses propos. Désormais, j'en étais sûr : il n'y avait plus rien à faire, rien à dire. Nos parents ne se comprenaient plus, ne se trouvaient plus sur la même longueur d'onde.

⋆

Ce fut un vrai bouleversement pour nous qui avions toujours vécu avec la certitude que ma mère aimait profondément mon père. Pendant des années, nous les avions en effet vus parfaitement heureux ensemble, l'air joyeux, épanoui. Mais, là, pas de doute, un fossé s'était creusé entre eux. Mon père menait une vie plate, avec un travail terne, tandis que Maman, elle, au contraire, semblait renaître.

Par la suite, elle m'a pris plusieurs fois à part, me disant sans détour :

— Tu sais, on ne s'entend plus avec ton père.

*

Inéluctablement, leurs chemins se séparaient. Alors ils se sont quittés. Un peu plus tard que prévu, mais ils se sont quittés quand même.

La décision de ma mère fut comme une douche écossaise pour mon frère aîné, qui avait pourtant quitté la maison depuis plusieurs mois. Je ne sais guère ce que Georges, mon autre grand frère, en a pensé, puisqu'il cache en permanence ses sentiments, comme mon père.

Mais je crois que les plus choqués ont été mon frère cadet et ma sœur. Cependant, nous n'en avons jamais vraiment parlé.

Famille, je me tais...

*

Comment devait-on réagir ?

Pour répondre à cette question, nous nous sommes concertés. Au cours de la discussion, à la fois triste, désolée et enflammée, j'ai fait valoir une évidence : on ne devait pas juger ses parents. Que nous n'étions pas à leur place, que les nôtres avaient tout fait pour nous préserver de la dureté du monde, donc que la moindre des choses était de respecter leurs choix de vie.

*

Comme c'était Maman qui prenait la clé des champs, pour mon père la séparation fut très violente. Le ciel lui tombait sur la tête. Malgré les avertissements répétés de ma mère, il ne comprenait toujours pas ce qui lui arrivait. Il est donc parti s'installer dans un autre appartement, toujours à Bègles, avec « les meubles qu'il avait lui-même payés », comme il disait.

Lorsque nous allions le voir, il essayait de nous culpabiliser, en nous faisant comprendre que nous ne nous occupions pas assez de lui. Meurtri, ne pouvant réaliser que sa vie avait changé de cours, il se posait en victime.

En fait, il aurait souhaité que nous demandions à notre mère de se sacrifier et de reprendre la vie commune.

— Tu ne peux pas la raisonner ? me demanda-t-il même un jour, sachant que j'étais proche d'elle.

Il jouait aussi sur le fait que, de mes frères et sœurs, je suis sûrement le plus à l'aise avec la parole. Moins cadenassé par la pudeur, moins englué dans le respect, sans doute. Avec plus de facilité pour dire les choses, aussi.

Je le revois ainsi me lancer :
— Elle est devenue folle, hein ?

*

Ma mère est restée à la HLM de Bègles.

Curieusement, loin de l'avoir libérée, ce divorce l'a fait sombrer dans la dépression. Ce qu'elle voulait, c'était une nouvelle vie sans mon père, qu'il s'en aille tout simplement. Elle était parvenue à s'affranchir – finalement, envoyer bouler une situation qui ne convient plus doit faire partie des gènes de la famille, suivez mon regard ! –, mais sans homme, sans mari ni enfants, tous ses repères s'évanouissaient.

Ayant reçu une éducation très stricte, dans le culte du service rendu à l'époux et la loi de l'éducation des enfants, elle se retrouva démunie d'objectif à suivre, seule aux commandes d'une maisonnée vide, seule dans sa propre existence. Déprimée, elle a commencé à prendre du poids. Pour la première fois de ma vie, je la voyais se laisser aller, elle qui a toujours voulu se montrer digne et responsable. Puis elle a été victime d'un grave accident de voiture qui l'a un peu plus coupée du monde pendant près d'un an, le temps de se rétablir.

*

Finalement, c'est mon père qui fut le premier à refaire sa vie.

Avec une femme prénommée Marie-Louise, veuve d'un militaire. À jamais pudique, il a longtemps hésité à nous confier qu'il avait « rencontré quelqu'un », comme s'il s'agissait d'un secret, voire d'une faute ou d'un drame, puis à nous la présenter.

Comme il était vraiment heureux avec elle, ils sont partis s'installer à Toulon. Une autre ville, une autre vie. Le déménagement était un symbole : en s'éloignant de Bordeaux, Papa redessinait une autre Carte du Tendre, après avoir brisé ses dernières attaches – sa sœur était morte, et les siens avaient pris parti contre ma mère. La famille avait explosé.

*

Ma mère a aussi, quelque temps plus tard, rencontré quelqu'un. Un homme plus jeune qu'elle d'une dizaine d'années.

Je n'ai pas été plus étonné que cela : la grande séduction de ma mère réside en effet dans sa jeunesse, sa gaieté, son humour, sa joie de vivre. Ne voit-elle pas toujours le bon côté des choses ? Soit dit en passant, de ce point de vue-là, je crois que nous nous ressemblons beaucoup.

Tous deux ont fini par déménager dans une échoppe que j'avais moi-même habitée. Si leur nouvelle vie ne m'a jamais posé de problèmes, en revanche, mes frères et ma sœur n'étaient, eux, guère décidés à accueillir immédiatement leur nouveau couple, gagnés par l'impression de consentir à une sorte de trahison s'ils franchissaient ce pas.

Je me souviens ainsi d'une conversation avec mon frère Gérard, l'aîné.

— Qu'est-ce que tu en penses ? me demandait-il.

— On doit accepter leur nouvelle vie.

— Tu crois ?

— Mais on n'a pas le choix ! Quel vieux mec tu fais, quand même ! Mais comment as-tu été élevé ?

— Comme toi..., dit-il en souriant.

*

L'une de mes grandes fiertés est d'être parvenu, bien des années plus tard, à réunir mon père et ma mère.

C'était le lendemain du second mariage de mon frère Jean-François, voilà quatre ans. Jusque-là, mes parents refusaient catégoriquement de se voir. Ma mère, surtout, ne voulait pas en entendre parler, étant très remontée contre lui. Et la veille, durant la cérémonie à la mairie, ils avaient réussi l'exploit de ne pas se croiser.

Mais, cette fois, chez moi, au Pyla, aucune

échappatoire n'était possible. Et quand ils se sont vus, ils se sont embrassés. Très embarrassés.

Durant le déjeuner, ils tournaient même la tête de tous les côtés. Le lendemain, ma mère m'a confié :

— Il est toujours beau, mais il a vieilli...

Elle était venue accompagnée de son nouvel ami, lui est arrivé seul de Toulon. Mon père évitait les regards de ce monsieur qui, lui-même, évitait les siens... Un décalage qui a installé un sentiment de souffrance en lui, désespoir que je décelais dans son œil triste. Aussi, puisque j'étais l'organisateur de cette rencontre, je me devais de mettre les choses au point :

— Tu es un peu triste, je te comprends, dis-je à mon père.

— Elle aurait pu se dispenser de l'amener, non ? répliqua-t-il un peu trop vivement pour ne pas cacher son malaise.

— Écoute, mieux vaut qu'elle soit accompagnée et heureuse que seule et triste. Elle a eu des moments difficiles, tu sais. Et n'oublie pas que tu as été le premier à rencontrer quelqu'un...

Je n'en revenais pas moi-même : jamais je n'avais parlé aussi librement à mon propre père.

*

Depuis, j'ai réuni à nouveau mes parents à l'occasion du quatre-vingt-sixième anniversaire de mon père. Quand il a vu ma mère arriver sans son compagnon, il a été étonné, comme soulagé, mais j'ai tout de suite coupé court à ses pensées.

Je lui ai dit qu'elle était venue seule pour ne pas le mettre mal à l'aise car c'était lui qu'on fêtait ce jour-là. Belle élégance de sa part.

— Ça marche, alors, entre eux !

*

Dans la famille, étant le troisième, je n'ai pas vocation à jouer le chef de clan, mais la célébrité, ou plutôt l'argent qu'elle procure, m'a placé dans une situation forcément à part. Aussi, je peux désormais me permettre des remarques, des réflexions et surtout des conseils que d'un autre on rejetterait avec dédain, voire agacement ou violence. Même si Gérard, l'aîné, reste le pilier familial.

À tout moment pourtant, on risque l'incompréhension. Et si vous n'êtes pas généreux, vous, en qui l'on voit quelqu'un « bordé de tunes », vous passez immanquablement pour radin. Si, au contraire, vous l'êtes, vous êtes gagné par l'impression tout aussi désagréable d'acheter vos proches. Ainsi, je revois encore ma sœur me dire, au baptême d'un neveu :

— Alors, tu y es allé de ton billet, comme tu sais faire...

Une perfidie qui m'a touché plus que je ne l'ai

laissé paraître. Mais je n'ai rien répliqué, convaincu que l'amour que je porte aux miens dépasse ces réactions épidermiques mal venues et injustes.

Depuis quelques années, j'ai toutefois pris le parti de passer Noël sans ma famille. Ma mère en est déçue, certes, mais je n'en pouvais plus, au moment d'ouvrir les cadeaux, de sentir chez les miens comme une gêne. L'argent brouille les pistes. Et puis, menant une vie différente, sans épouse ni enfants, je me sens en décalage, comme si un fossé nous séparait.

Chapitre 15

Tu seras cheminot, mon fils

De retour du service militaire, je n'avais pas de travail. Mon père me suggéra alors de passer le concours d'auxiliaire d'été à la SNCF. Mes deux frères aînés ne m'avaient-ils pas précédé ? Gérard n'a fait que passer dans la grande maison puisqu'il est devenu enseignant. En revanche, Georges s'est senti tellement à l'aise dans cet emploi qu'il a décidé d'en faire son métier. Il travaille toujours pour les chemins de fer, même s'il s'occupe désormais de tâches plus administratives.

Pour être accepté, il fallait toutefois passer un concours. L'examinateur était un ami de mon père, mais je n'ai pas eu besoin de son indulgence : j'avais le niveau requis.

Va donc pour la casquette de contrôleur et la vie de cheminot.

*

En plus de poinçonner les tickets, il me fallait transformer, dans les trains de nuit, les couchettes en sièges et *vice versa*. Je pouvais même jouer les chefs de gare quand il n'y en avait pas. Parfois, nous faisions aussi office de facteur puisqu'on déposait le courrier dans les petites gares désaffectées. Quand le train arrivait le soir dans une gare comme Pierrefitte-Nestalas, au cœur des Pyrénées, nous passions la nuit dans les dortoirs SNCF : des petites chambres sans âme avec vue sur les voies ferrées. Notre seule consolation était de penser à la prime non négligeable qui nous attendait en dédommagement. En vérité, pour un job d'été, j'étais plutôt bien payé. Et la seule pensée qui me faisait tenir, c'était de songer aux vacances que j'allais pouvoir m'offrir avec ce pécule.

*

Un peu partout, on me disait :

— Ah, tu es le fils Montiel, avec un sourire dans la voix.

Visiblement, mon père était apprécié de ses collègues, qui saluaient son humour et sa rigueur.

— Quel boute-en-train ! Toujours prêt à raconter une bonne blague. Mais, dans le boulot, il ne plaisante pas. Ça file droit !

Je me doutais évidemment de ces qualités et de son caractère, mais j'étais très heureux qu'on me le dise. Pour la première fois de ma vie, je me sentais le fils de quelqu'un. J'étais fier de mon père.

⋆

Il m'avait prévenu :

— Tu verras, c'est très dur comme travail.

Ça l'était, effectivement. En glissant mes pas dans les siens durant deux mois, j'ai découvert la réalité de son métier. J'avais l'impression de vivre en perpétuel décalage horaire : un jour, je commençais aux aurores, le lendemain, je finissais à plus d'heure. Du coup, je comprenais mieux le fameux « votre père dort » répété par ma mère : sa fatigue n'était pas feinte. Ce que j'avais interprété comme de la distance n'était, en fait, que de l'épuisement.

Ces deux mois m'ont dès lors considérablement rapproché de lui. La SNCF comme catalyseur des rapports père-fils ! En tout cas, la compagnie des chemins de fer nous a permis de communiquer au-delà des paroles que nous n'étions jamais parvenus à échanger.

⋆

Évidemment, je me sentais obligé d'être à sa hauteur. Un vrai challenge : je n'aurais pas supporté qu'on lui dise que j'étais un fainéant ou un glandeur.

Une fois, pourtant, j'ai bien failli faire exploser ma jeune réputation.

J'avais été affecté au train des pèlerins, comme on appelait le Lourdes-Paris. Un convoi de nuit qui partait sur le coup de minuit et dans lequel je suis monté en route, à Bordeaux, vers 4 heures du matin.

Un vieux contrôleur m'accueille aussitôt :

— Te bile pas, on a déjà contrôlé tout le monde. Repose-toi.

Le problème, c'est que je sortais d'une soirée bien arrosée chez des amis et que je n'étais pas repassé à la maison pour prendre une douche. Je remonte quand même tous les wagons, histoire de vérifier que tout va bien. Comme je ne découvre aucun problème, je reviens m'installer dans la petite cabine réservée aux contrôleurs... et m'assoupis.

Quand j'ai ouvert l'œil, il était... 10 heures du matin.

Tous les voyageurs étaient descendus, mes collègues aussi. Le convoi avait même quitté la gare d'Austerlitz pour une gare de triage au fin fond de la banlieue parisienne. Où étions-nous ? Je l'ignore. J'ai dû changer plusieurs fois de bus et de métro avant de retrouver le train qui me ramenait vers Bordeaux. La demi-journée de balade à Paris qui me faisait tant rêver, moi le petit provincial qui ne connaissait rien de la capitale, était irrémédiablement fichue.

Mes collègues, en apprenant ma mésaventure, ont bien ri. Mon père, qui l'a également sue, ne m'en a pas tenu rigueur. Au contraire.

— Ce n'est pas la première fois qu'un cheminot s'endort ! argua-t-il.

Chapitre 16

Premiers pas au cinéma

Pour moi, il avait toujours été clair que la SNCF n'était qu'un job d'été. Début septembre, j'ai donc commencé à chercher du travail. Armé du bac, je ne pouvais prétendre à grand-chose, mais je m'étais donné jusqu'à la fin de l'année pour trouver un point de chute.

Un jour, je tombe dans *Sud-Ouest* sur une annonce qui retient mon attention : « Grand cinéma cherche agent administratif. » J'ignorais ce que recoupait le terme « administratif », mais le mot cinéma capta, lui, toute mon attention.

Quand je me suis présenté, j'ai découvert que c'était au Théâtre Français, le plus grand complexe de Bordeaux. Plus d'une centaine de candidats avaient déjà été auditionnés quand on m'a demandé de but en blanc :

— Quelle expérience avez-vous ?

Je n'en possédais aucune. En revanche, je ne manquais pas de culot. Aussi, avec l'audace que l'on peut avoir à cet âge, je me suis lancé :

— Excusez-moi si je vous choque, mais qu'est-ce que c'est, le travail d'un agent administratif ?

— C'est curieux, vous êtes le premier à nous poser la question, me répondit-on.

Ma franchise me valut de gagner mon billet pour la finale. Où nous nous sommes retrouvés à deux pour le choix définitif. Je m'étais pris au jeu, j'avais la rage d'être engagé, mais mes maigres diplômes – et pour cause – firent préférer mon rival. Heureusement, celui-ci s'est désisté au dernier moment, ayant déniché un travail de sous-directeur de supermarché à Dax. J'étais un peu vexé de constituer un second choix, mais néanmoins heureux d'être embauché...

*

Mon premier job !

De quoi s'agissait-il ? De paperasserie.

Je remplissais les bulletins de salaire, je gérais les factures des fournisseurs, je faisais les comptes, bref, je manipulais du papier et encore du papier. Toute la journée, je restais enfermé dans un petit bureau sans fenêtre, éclairé par un néon. Et quand un contrôleur était malade, je le remplaçais, servant d'homme à tout faire. Si ce n'était pas vraiment la vie dont j'avais rêvé, je disposais au moins d'un avantage : la possibilité de voir autant de films que je le voulais... à l'œil.

*

En outre, je bénéficiais d'un libre accès aux coulisses quand il y avait un spectacle. Car, tous les mois, nous accueillions régulièrement des récitals de variétés dans la grande salle.

Un jour, Barbara devait chanter. Ambiance tendue, elle était malade. Le concert allait-il être annulé ? Charley Marouani, son imprésario, frappe à la porte de mon bureau.

— Il faudrait quelqu'un pour faire une piqûre à Mlle Barbara.

J'ignorais que, dans le show-business, il est de tradition d'appeler les grandes artistes féminines « mademoiselle » même si elles ont l'âge d'être madame, mais je trouve une infirmière.

Juste avant le concert, je recroise Charley Marouani et lui demande si je peux saluer Mlle Barbara – désormais, je savais comment l'appeler. Il m'accompagne alors à sa loge.

Cheveux couleurs de jais, grandes mains effilées, grands pieds, silhouette gracile de personnage de bande dessinée, elle se présente devant moi, lointaine et gentille, impressionnante et simple.

— Sans vous, je ne pourrais pas chanter ce soir, me dit-elle sans se lever. Comment vous appelez-vous ?

— Bernard Montiel.

— Merci, Bernard.

Je suis sur un nuage.

Des coulisses, j'entrevois la scène où trône son fameux fauteuil à bascule et la salle qui se remplit peu à peu, principalement des femmes, presque toutes en noir, comme des sosies de la chanteuse. Comme j'ai un peu de temps avant le début du concert, je retourne dans le couloir des loges. Au moment où elle sort, Barbara me repère aussitôt.

— Bernard, accompagnez-moi sur scène, je vous en prie.

Elle semblait titubante, vidée de toutes ses forces. Je me disais : pourvu qu'elle tienne le coup.

— Ça ira ?

— Ne vous inquiétez pas, Bernard.

Ce Bernard, comme si on se connaissait depuis toujours...

J'avais compris que je ne devais pas ajouter un mot. Juste être là.

Elle s'est accrochée à moi jusqu'à la scène. L'orchestre a entamé les premières mesures d'une chanson. Et si, en la laissant, j'avais peur qu'elle tombe, dès que le rideau s'est ouvert, elle a levé sa main pour saluer le public, avec une énergie qu'on n'aurait pu soupçonner quelques minutes auparavant. Dopée par les applaudissements de son public, elle était revenue au sommet de sa forme.

À la fin de son récital, je suis allé la féliciter.

— Vous avez aimé, mon petit Bernard ?

— Mais vous plaisantez ? C'était magnifique !

Elle a pris ma main et l'a posée, doucement, sur sa joue.

— Merci, m'a-t-elle simplement dit avec un joli sourire lumineux.

*

Parfois, l'artiste nous invitait, le directeur et moi, à dîner avec ses musiciens.

C'est ainsi que j'ai rencontré Thierry Le Luron. Qui avait failli nous créer une frousse de tous les diables. Il était en effet arrivé au dernier moment au théâtre, à tel point que nous avions envisagé d'annuler le spectacle.

Avant d'entrer en scène, je l'avais vu virevolter dans les coulisses avec une insouciance et une décontraction fascinantes. Cela devait être sa manière de conjurer le trac.

Après son récital, nous sommes donc allés souper. D'un coup, sans y avoir pensé une seconde, sans même avoir prémédité quoi que ce soit, je me suis retrouvé au cœur même de l'esprit parisien. Avec sa verve assassine, il passa le repas à se moquer des uns et des autres, dans un mélange très particulier de cynisme et de tendresse.

En partant, il me dit :

— Tu ne t'emmerdes pas trop ici ? Quand tu viens à Paris, appelle-moi, on ira faire la fête ensemble.

*

Beaucoup plus tard, alors que je commençais à faire de la télévision à France 3 Aquitaine, je l'ai effectivement appelé. Et nous avons dîné au New York, le restaurant tenu par Jacques Collard, l'un des établissements les plus à la mode du moment. À notre table se trouvaient également Jacques Chazot, le pianiste Daniel Varsano et l'attaché de presse Dominique Segall. Romy Schneider est arrivée avec Laurent Pétin, et je n'avais d'yeux que pour elle. J'en oubliai même de manger. Si bien que Thierry Le Luron se moqua de moi en me disant :

— Eh, le plouc, change de place, assieds-toi là, ça t'évitera de te dévisser la tête.

Ayant compris que le plus beau cadeau à me faire, c'était de me présenter la grande comédienne, à la fin du repas il demanda à Jacques Collard de me conduire à sa table.

Saisi d'émotion, ayant l'impression qu'elle pouvait entendre mon cœur battre, devant elle je bredouillai.

— Je suis bordelais. Pour une fois que je viens à Paris, j'ai le bon Dieu pour moi.

Elle me tutoya d'emblée :

— J'adore le vin, j'aimerais faire le tour des châteaux. Tu les connais ?

La conversation débuta sur ce registre, simple, naturel. Je suis resté plus d'une heure à sa table.

Elle m'a parlé de son dernier film, de la mort de son fils, de l'enterrement, de la traque des paparazzi. Ses yeux étaient colorés de douleurs, de brisures, de souffrances, j'étais presque gêné qu'elle m'ouvre aussi facilement les portes de son intimité, mais je fus profondément bouleversé par tant de simplicité vraie. Elle me quittant, elle m'a donné son adresse et son téléphone, mais elle n'est jamais venue faire le tour des châteaux du Bordelais. Elle a choisi de quitter la vie quelques semaines plus tard.

⋆

De temps en temps, au Français, il y avait aussi des avant-premières. L'équipe du film présenté descendait rencontrer les journalistes locaux et le public.

Un jour, Sophie Marceau est venue présenter *La Boum*. Si le directeur m'emmenait toujours avec lui, quand il n'était pas là, je prenais les vedettes en charge. Une autre fois, c'est Annie Girardot qui a fait le déplacement pour son film *Le Cœur à l'envers*. Comme, entre le déjeuner avec la presse écrite et le passage, le soir, au journal régional de France 3, elle n'avait rien à faire, je l'ai emmenée chez moi, terrorisé à l'idée qu'elle s'ennuie.

— Tu as un jeu de cartes ? me lança-t-elle.

— Oui.

— Alors ne t'occupe pas de moi. J'ai trouvé mon bonheur.

Et elle a fait des réussites tout l'après-midi !

Chapitre 17

Quitter le Français

Pour observer le petit monde du show-business, je ne pouvais rêver mieux que ce travail au Français. Mais, en même temps, j'enrageais. Car le directeur, ayant constaté qu'il pouvait me faire confiance, me déléguait toujours plus de choses... mais ne m'augmentait pas pour autant. Cette liberté lui permettait d'être de plus en plus souvent absent, lui qui était peu fasciné par le monde des artistes, même s'il aimait bien se voir dans *Sud-Ouest* en photo avec les stars de passage à Bordeaux. Surtout, il avait compris qu'il me tenait avec les journées de promo. C'était sa carotte, mais, moi, je voulais plus.

⋆

Avec l'assurance de mes vingt ans, convaincu qu'il est temps pour moi d'évoluer, je me décide donc à appeler le directeur régional de notre groupe de salles.

— Je crois que je suis capable de diriger un cinéma.

L'homme, qui me connaissait de réputation, ne se montre pas surpris de ma réclamation et réplique :

— On va bientôt ouvrir une salle à Bourges, ça vous dirait ?

Je ne savais pas où était Bourges, voyant seulement que j'étais tout à fait capable de diriger le Français à Bordeaux.

— Non, franchement, six salles et un théâtre, c'est trop gros pour un premier poste de directeur, je ne peux pas, me dit-il après quelques échanges d'arguments.

Vexé, j'envoie *illico* ma démission.

⋆

Aussitôt refusée.

— On vous aime bien. Restez avec nous, on vous trouvera quelque chose. Vous faites partie de la famille, me dit-on.

Vingt ans avant TF1, on me faisait déjà le chantage à la famille.

— Dans ces cas-là, augmentez-moi.

Ayant, chaque mois, l'occasion de mesurer la différence entre mon salaire et celui du directeur puisque c'était moi qui établissais les fiches de paie, je trouvais juste de réduire l'écart...

Comme ils ont refusé de relever mes émoluments, je leur ai dit que je préférais partir. Et cette fois je suis parti.

Sans avoir un autre job dans ma manche.

Chapitre 18

Huissier de justesse

Depuis plusieurs années, j'avais noué des relations d'amitié avec Marie-Thérèse Boucher, huissier de justice à Libourne, dont j'appréciais aussi la fille.

Quand elle a appris que je quittais le Français, elle m'a tout de suite déclaré :

— Mon cabinet se développe, je vais avoir besoin de clercs. Reprends des études de droit, dans deux ou trois ans tu auras les diplômes nécessaires. D'ici là, travaille avec moi.

J'ai accepté comme j'aurais pu refuser. Est-ce la peur de me retrouver au chômage ? Les quelques semaines où j'avais pointé à l'ANPE avant d'entrer au Français m'avaient en effet laissé un goût amer : celui de me sentir inutile, pire, exclu, ce qui me renvoyait à ma vieille crainte d'être mis de côté et regardé différemment.

J'ai donc tenté le coup. Après tout, pourquoi pas ?

J'ignorais seulement qu'en cette fin d'année 1981 j'allais passer les pires moments de ma vie professionnelle. Un véritable cauchemar.

*

Durant la journée, je me familiarisais avec les syndics de faillite et les assignations. Et le soir, sur le coup de 8 heures, je filais à la fac de Bordeaux suivre mes cours. À défaut d'être convaincu de ce que je faisais, je m'y suis jeté à fond. Et j'ai remporté mon pari : deux mois après, j'étais clerc d'huissier.

Marie-Thérèse m'a donné le bureau le plus proche du sien. En somme, je devenais son principal collaborateur. Elle m'avait adopté comme un membre de sa famille. Au vrai sens du terme, puisque je logeais chez elle durant la semaine.

Mais, pour apprécier ce métier, il convient de posséder la hargne, et je ne l'avais pas. Pire, je me suis vite rendu compte que je détestais ce qu'on me demandait.

*

Un jour, Maïthé m'expliqua que nous allions saisir le compte d'un paysan en cessation de paiement. Or, à la banque, une banale succursale de quartier, le hasard voulut que nous tombions nez à nez sur lui.

— Je ne vais pas vous prendre en traître, mais, comme vous ne payez pas vos dettes, je bloque votre compte, lui dit-elle.

Ses mots cassaient comme du bois mort. Son aplomb même m'épata, mais aussi me tétanisa. Autant cette femme pouvait se montrer chaleureuse dans la vie, autant là, dans l'exercice de son travail, elle m'apparut froide, distante, différente. Sans doute l'absence de compassion est-elle une qualité professionnelle chez les huissiers, mais, moi, elle me terrorisa.

À ce moment-là, le paysan bascula dans une colère noire.

— Vous n'avez pas le droit, vous me tuez si vous faites cela...

Maïthé ne se démonta pas :

— Eh bien, puisque c'est comme cela, cet après-midi, je viens saisir votre tracteur.

Nouvelles vociférations, le pauvre homme criblé de dettes s'emporta plus encore et promit même de nous tuer.

— Osez venir, je vous attends, ajouta-t-il, la voix menaçante.

Sa détresse me sautait tellement aux yeux que, soudain, je me sentis plus de son côté que de celui de Maïthé.

*

Durant le déjeuner, mon malaise perdura. J'étais incapable d'avaler quoi que ce soit. D'autant que nous mangions avec un syndic de faillite qui me renvoyait à mes tourments par ses propos inconsidérés. Il ne cessait d'enchaîner des horreurs du style « j'ai l'autre con... » et « celui-là, avec son armoire Napoléon III, il aurait pu payer ». Peu à peu, le sentiment que j'étais en train de participer au festin de vautours se partageant une charogne me broya les tripes. Si le métier avait parfois ses bons côtés – les femmes qui vous reçoivent en petite culotte pour vous amadouer, oui, ça existe, j'en ai rencontré... – là, je n'avais qu'une envie : que Maïthé renonce à l'expédition chez le paysan. Mais non : après le repas, elle me dit :

— On y va.

Devant ma moue, elle ajouta, tranchante :

— Ce type nous mène en bateau. Il a les moyens de rembourser. Tu n'as pas à te faire de bile, c'est notre métier, sinon il faut en changer.

J'ai vraiment failli lui dire que j'y pensais, mais j'ai retenu ma langue.

*

Une heure plus tard, notre Renault 5 franchit le porche de la ferme. Le paysan s'avança vers nous. Maïthé entra dans le vif du sujet sans même passer par les politesses d'usage.

— Bon, voilà le papier... votre tracteur est

saisi... Je suis désolée pour vous, mais vous l'avez bien cherché. J'ai regardé le dossier : deux ans que ça dure. Deux ans que vous ne payez pas vos dettes.

Soudain, comme dans une séquence au ralenti d'un western spaghetti de Sergio Leone, je le vis saisir un fusil.

— Sortez de chez moi. Foutez le camp, la pouffiasse et le connard. Dégagez, sinon je vous tue.

Je pris Maïthé par le bras et lui dis :

— On y va... doucement...

Elle, remontée à bloc, sûre que la loi était de son côté :

— Je suis officier ministériel, vous ne me faites pas peur. En plus, vous m'insultez, mesurez vos propos, je peux vous envoyer en prison pour cela...

— Au point où j'en suis... Vous m'empêchez de travailler, qu'est-ce qui me reste à faire ? Tirer dans le tas !

Cette fois, Maïthé rebroussa chemin, vexée de céder, mais sachant qu'il existe des instants où mieux vaut éviter certains risques.

Au moment précis où nous nous engouffrions dans la voiture, j'aperçus le paysan, la main sur la détente du fusil.

Pan...

Un coup de feu.

Il venait de tirer en l'air.

Maïthé, terrorisée, laissa tomber à terre sa mallette.

— Ne faites pas l'imbécile, calmez-vous, parvint-elle à articuler.

— Non, maintenant, c'est sur vous que je vais tirer ! répliqua l'autre.

De mon côté, dans la voiture, saisi d'effroi, je n'arrivai pas à enfoncer la clé dans le contact. La panique se décupla quand je vis le type se rapprocher, rouge vif, déchaîné comme un taureau en furie, incontrôlable. Au moment où le moteur démarra enfin, il se posta devant le capot, l'arme braquée sur nous.

D'un coup, je me mis à penser que nous allions nous retrouver dans les pages faits divers de *Sud-Ouest,* le pare-brise troué de deux balles, le corps affalé sur le siège de la voiture, tels des pantins désarticulés. Pire, j'imaginais sans l'ombre d'un doute les commentaires des lecteurs :

— Bien fait pour leur gueule, aux deux huissiers. Ils ne l'ont pas volé !

Maïthé, nettement plus courageuse que moi, ouvrit la fenêtre et tenta de reprendre le dialogue.

— Toi, je ne vais pas de te frapper, tu es une femme, mais lui, le mec, je peux, asséna l'autre pour tout argument.

J'avais tout fait pour me faire oublier, mais je me retrouvais maintenant dans l'œil du cyclone.

Le paysan fit alors le tour de la R5 et se planta devant ma portière.

— Descends si tu es un homme. Descends...

Tétanisé, je ne bougeai pas. Il se dirigea alors

vers la porte, l'ouvrit, tira dessus avec une telle force qu'il finit par la sortir de son axe avant de la jeter par terre. Une vraie scène de James Bond.

Heureusement, il a repris ses esprits et nous sommes enfin parvenus à nous extraire de ce guêpier. Mais quelle trouille !

⋆

Dans la voiture, sur le chemin du retour, j'ai évidemment annoncé à Maïthé que je ne me sentais vraiment pas fait pour ce métier. Elle a essayé de me rassurer en me disant que nous venions de vivre une histoire exceptionnelle, mais j'eus du mal à la croire.

Dans les semaines qui ont suivi, elle a tenté de calmer le jeu en me donnant des dossiers nettement plus *soft*, types dégâts des eaux, différends de copropriété, retards de travaux.

Mais moi, chaque fois que je pouvais aider quelqu'un, je le faisais.

— Payez une petite somme. Ça va bloquer la procédure pendant plusieurs mois, disais-je.

⋆

J'ai aussi fait quelques constats d'adultère.

L'un d'eux m'a même permis de jouer au chat et à la souris avec une châtelaine et son chauffeur, qui était son amant. Une première fois, elle m'a repéré et dit.

— Vous êtes huissier ? Vous venez pour le constat d'adultère.

À force de les suivre, j'avais fini par les prendre en sympathie. Ils avaient en effet quelque chose de touchant à se promener la main dans la main.

Tout leur village était au courant, mais, pour dresser un constat d'adultère, il en faut davantage : un flagrant délit. Finalement, je suis parvenu, sans grande fierté, à les surprendre.

— Faites votre travail. De toute façon, c'est lui que j'aime, me confia alors la châtelaine en me désignant son amant.

Il y a quelques années, j'ai recroisé le couple à Bordeaux. Ils étaient toujours aussi amoureux l'un de l'autre. La femme, me reconnaissant, s'est dirigée vers moi en disant :

— Vous ne vous souvenez pas de nous ? Vous nous aviez surpris au petit matin...

*

À force d'accumuler des histoires de ce genre, il m'arrivait, parfois, d'avoir l'impression que, finalement, je pourrais me faire à ce métier. N'était-ce pas une belle opportunité ? Ne gagnais-je pas bien ma vie, avec un avenir tout tracé ? Ne me sentais-je pas en confiance avec Maïthé, qui me sécurisait par sa forte personnalité ?

Mais, chaque fois que nous avions une nouvelle saisie à réaliser, les doutes revenaient. N'ayant jamais imaginé que des êtres humains puissent vivre des drames aussi poignants que ceux que je constatais, je me rendais compte que j'avais vécu jusque-là une existence certes modeste, mais très protégée.

Et puis, un jour, est arrivée la saisie de trop...

⋆

À la mi-décembre, je me rends dans les dépendances d'un château. Plus exactement, un garage adossé à un château.

Un homme, une femme et leurs deux enfants vivent là, à même la terre battue, sur des lits pliants recouverts de draps sales. Dans la partie cuisine, dont j'imagine qu'elle sert également de salle de bains, il n'y a pas d'évier, juste un robinet et un seau. On se serait cru dans une favela.

Moi, de mon côté, j'arbore la panoplie complète de l'employé de bureau : une veste croisée Renoma, comme c'est la mode, une cravate club, des mocassins style Weston.

Le décalage entre ces deux mondes a quelque chose d'indécent.

Le seul objet de valeur de la famille en difficulté n'est autre que la télévision. Un grand modèle, l'un des premiers à coins carrés, qui a coûté une fortune. Bien sûr, les traites n'ont pas été payées.

Moi-même, je suis particulièrement gêné : ayant lu le dossier, j'ai découvert que la famille a été victime du bagou d'un démarcheur à domicile et ne s'est pas rétractée à temps.

— Si vous ne réglez pas, je vais être obligé de saisir le poste, dis-je tout mal à l'aise. On viendra le prendre la semaine prochaine.

Là, je vois la mère de famille blanchir.

— Prendre la télé ? Avant Noël ? Mais c'est le seul cadeau que j'ai pour mes enfants !

Devant un tel argument, un sentiment de honte m'envahit. Je n'ai pu que battre en retraite :

— Je suis désolé, je vais voir ce que je peux faire. Je vais m'occuper personnellement de votre affaire.

*

En rentrant à l'étude, j'étais désespéré. Et furieux contre le système qui force les gens à consommer en suscitant le désir, mais qui, le contrat signé, ne veut plus rien entendre. J'ai choisi délibérément de classer le dossier, d'éviter à ces enfants et à cette famille d'être privés de télé pour Noël.

Et quand j'ai croisé Maïthé, je lui ai dit :

— Il faut qu'on se parle.

— Pas maintenant, ce soir.

Elle avait compris, je crois.

Sans doute voulait-elle éviter que je balance tout sous le coup de l'émotion.

Quelques heures plus tard, je lui ai tout lâché :

— Ce n'est pas moi, ce boulot. Harceler les gens, les mettre dans des situations épouvantables, je ne peux pas. J'ai l'impression de me conduire comme un enfoiré. Je ne supporte plus de rentrer par effraction dans la vie de personnes qui n'ont pas grand chose...

— Mais j'ai misé sur toi, me répondit-elle. Tu vas bientôt être huissier. Tu pourras reprendre l'étude, plus tard.

— Je sais, mais je ne peux pas. Je ne regrette rien, je prends cela comme une expérience formidable, mais je préfère arrêter... C'est mieux pour tout le monde.

*

En repensant à cette période, j'éprouve un sentiment particulièrement étrange. Alors que j'ai toujours eu l'impression que cette partie de ma vie avait duré plus d'un an, je viens de vérifier les dates de mon intermède huissier. Eh bien, je suis resté dans cette étude à peine plus de trois mois. Quand on exerce un métier douloureux que l'on n'aime pas, le temps passe vraiment très lentement, et le poids du malheur vous pèse.

Pour quelqu'un qui avait toujours eu le désir de

se faire accepter, huissier n'était vraiment pas le métier à choisir. En bourreau, j'étais invariablement du côté de la victime.

Chapitre 19

Los Angeles

Une semaine après la fin de ma carrière d'huissier, je m'envolais pour Los Angeles. J'avais vingt-trois ans, un peu d'argent de côté, et une forte envie de me vider la tête.

En fait, mais je ne le savais pas encore, ce périple, loin de mes attaches, loin de mes racines, était avant tout un voyage au bout de moi-même. Un séjour pour faire le point. Pour savoir qui j'étais vraiment. Et ce que je souhaitais faire, après deux expériences professionnelles qui s'étaient soldées par des échecs mais avaient néanmoins été constructives.

Dans la vie, chacun a sa place, encore doit-il la trouver.

⋆

J'avais choisi la Californie car je savais qu'à cette époque il y faisait beau. Je voulais ainsi échapper au froid, à la pluie, à la grisaille, au gel. Je rêvais de palmiers, de piscines et de chaleur.

Mais, pour mon premier voyage en solitaire, à la descente de l'avion j'ai eu un coup de blues. Je voyais les gens se parler, s'embrasser, se retrouver tandis que moi j'étais seul, sans le moindre contact. Avec personne pour m'aider. Je n'avais même pas réservé d'hôtel. Non par inconscience, mais parce que j'avais juste envie de me laisser porter par les événements. Le côté « je prends mon balluchon et je vois ».

*

N'empêche, il me fallait une chambre pour la nuit.

Dans le hall des arrivées de l'aéroport, je me mis à consulter les annuaires des hôtels. Lesquels étaient classés quartier par quartier, Brentwood, Glendale, Silverlake, autant de noms que j'ignorais. Je jetai mon dévolu sur celui d'Hollywood, ne sachant si c'était loin ou pas de l'aérogare. Mais, au moins, je connaissais.

Mon œil tomba alors sur le Tropicana Motel. Le nom sonnait exotique, exactement ce que je cherchais. J'appellai derechef pour réserver une chambre. En arrivant, je ne fus pas déçu : un gardien de nuit surveillait patiemment les allées et venues, au fond, des chambres auxquelles on accédait directement du parking. Le motel tel qu'on le voit dans les films.

Dans les années 1960, il avait été fréquenté par Frank Sinatra et Dean Martin. Plus tard, Mick Jagger y avait massacré une chambre. De toute évidence, son heure de gloire se trouvait derrière lui. Le papier peint, marronnasse, était tacheté d'humidité ; il y avait des cafards ; mais le prix avait le mérite d'être raisonnable. Et, surtout, ce « palace » était idéalement situé sur Sunset Boulevard, à quelques centaines de mètres du Walk of Fame.

⋆

J'ai passé des journées à prendre le bus et à marcher à la découverte de la ville. J'ai visité tous les quartiers, à commencer par la colline de Beverly Hills avec ses somptueuses villas. J'ai fait le tour des studios de cinéma et suis même parvenu à m'infiltrer sur le plateau où l'on tournait *Superman*. À la fin de la journée, j'ai croisé sur le parking Christopher Reeve. Il m'a paru gigantesque, j'ai réussi à lui dire : « *Nice to meet you* », il m'a répondu par un sourire.

⋆

De Los Angeles, je suis parti pour Albuquerque, au Nouveau-Mexique, où j'ai retrouvé ma tante et mon oncle d'Amérique. L'occasion de découvrir l'Amérique profonde.

Puis je suis remonté vers San Francisco. J'ai été sidéré, moi le Bordelais, habitué aux ambiances feutrées, par l'esprit de tolérance qui régnait dans cette ville. C'est la ville la plus française des États-Unis et sans doute la plus culturelle après New York.

*

Après un détour par Dallas, je suis arrivé à New York où j'ai vite pris mes habitudes dans un petit restaurant de Soho tenu par un couple de Français qui me faisait payer un jour sur deux. Un jour, lui m'a proposé :

— J'ai besoin d'un serveur, ça t'intéresse ?

J'ai failli accepter, mais j'étais loin de chez moi depuis trop longtemps. Cela faisait plus de six mois que j'avais quitté la France, laquelle finissait par me manquer. Ma famille aussi. Et puis, quelque part, les Américains m'avaient déçu. Je n'avais pas eu à souffrir de solitude car ils avaient toujours été très accueillants avec moi. Mais, si plusieurs m'avaient invité chez eux, dès le lendemain quand je les croisais, c'était à peine s'ils me reconnaissaient. J'avais l'impression d'un peuple très superficiel dans les rapports humains : à part leur propre famille, personne ne compte vraiment aux yeux des Américains.

Los Angeles

Nos différences sont trop grandes pour que j'aie envie de m'y installer.

Je suis donc rentré en France.

Chapitre 20

Confetti

Grâce à ce voyage aux États-Unis, j'avais en partie répondu à plusieurs de mes interrogations. Notamment celles concernant mon avenir. J'avais ainsi remarqué que je n'éprouvais aucune difficulté à aller vers les autres, que j'étais à l'aise partout, même dans les situations un peu délicates. Je me sentis donc fait pour travailler dans la communication.

*

Seulement voilà : à mon retour, mes économies tutoyaient le zéro. Il me fallait vite du travail. Et pas question de faire la fine bouche.

Une amie, Anne-Marie Prévost, qui allait ouvrir une boutique Cartier à Bordeaux, avait besoin d'un vendeur. Elle me proposa le job.

En quelques jours, j'ai appris les astuces de base de la profession : évaluer le plus vite possible le budget des clients, parler à la femme quand le mari semble réticent ou à ce dernier quand c'est lui qui paraît le plus convaincu.

Mais, excepté le privilège de porter une belle montre Cartier tout au long de la journée, ce travail me laissa vite sur ma faim.

Il allait à nouveau falloir que je me bouge.

*

La chance m'a souri lors de l'inauguration officielle de la boutique.

Ce soir-là, j'ai retrouvé Luce Thornier, une femme pétillante d'intelligence et d'humour, qui dirigeait *Confetti*, une sorte d'équivalent bordelais de *Pariscope*. Nous nous étions connus lorsque je travaillais au Français.

— Écris-moi des critiques, me dit-elle tout de go.

Être payé pour voir des films, je ne demandais pas mieux. Je venais d'entrer dans le journalisme... Enfin, à ma modeste échelle.

*

Au début, mes articles étaient assez insipides. Tout le monde il était beau, tout le monde il était gentil. Disneyland-sur-Gironde. Sans doute étais-je trop heureux de mon sort.

En prenant de l'assurance, j'ai peu à peu commencé à tremper ma plume dans le vitriol. À devenir acerbe, caustique, cynique, un brin méchant. Du coup, on a commencé à me dire :

— Tu as la dent dure, tu es le Bouvard local...

J'avais compris le système : le truc, c'était de se faire remarquer. Même si c'était aux dépens des autres. Alors, je l'avoue, parfois, j'en ai rajouté.

Conséquence, un des directeurs de salle m'a pris en grippe. Et m'a interdit l'entrée de ses cinémas. Plus grave, il a essayé de faire un chantage à Luce Thornier en lui disant : « Si votre Montiel n'arrête pas de descendre les films que je projette, j'arrête la pub. » Ce qui revenait à couper les vivres au journal.

Elle a tenu bon...

★

Mais mes piges à *Confetti*, comme salaire, étaient un peu courtes. Il me fallait autre chose.

C'est alors que Daniel Faret, que j'avais connu dans les fiestas bordelaises – et qui est devenu l'un des grands de la mode masculine française –, m'a proposé de rentrer dans le groupe de son père, Michel Faret, qui possédait des magasins de vêtements et une usine de textile.

Là, je fis office de directeur de la communication. Grâce aux Faret, je me suis retrouvé dans de nombreux voyages d'affaires, en Angleterre, en Espagne ou en Italie. Une existence de rêve, mais beaucoup moins excitante que ce que je vivais à Bordeaux.

Car, bien évidemment, je n'avais pas abandonné mes critiques de films. Au contraire, j'avais même étendu mes prérogatives. Désormais, je parlais également de musique, de mode, de restaurants. *Confetti* a été un tremplin extraordinaire, ma première « vitrine ».

Bien sûr, je ne représentais qu'un tout petit journal à coté de *Sud-Ouest,* bien sûr, de nombreuses personnes auraient souri si elles avaient vu ma fiche de paie, mais j'étais invité à tout ce qui se passait, les premières, les concerts, les défilés, les grands dîners, les soirées de gala.

Un soir, j'étais à la table de Sophie Marceau venue présenter un film, un autre, à celle de Philippine de Rothschild, figure emblématique des propriétés viticoles de la région. J'étais même convié aux dîners du CAPC, le musée d'Art contemporain de Bordeaux, le *must* en la matière. C'est à cette occasion que j'ai rencontré Keith Haring, qui m'a griffonné un dessin que j'ai toujours, ainsi que Robert Combas, que j'ai ensuite contribué à faire exposer à Saint-Tropez. Bref, je m'étais fait un nid.

*

Bordeaux étant une ville bourgeoise, austère, fermée, où l'élite vit repliée sur elle-même, quasiment une citadelle imprenable – j'en avais fait la douloureuse expérience lors de ma romance avec Michèle –, aujourd'hui je n'en reviens toujours pas d'avoir réussi à forcer ses lourdes portes XVIIIe siècle.

Comment le fils de cheminot avait-il fini par se faire accepter ? Comment le jeune homme un poil tapageur et un brin *show off* était-il parvenu à mettre de son côté les chantres du bon goût et de la discrétion ?

D'une certaine manière, rencontrer des gens célèbres m'a permis d'exister : cela m'a stimulé et donné confiance en moi. Parfois, évidemment, dans ce Tout-Bordeaux, j'étais accueilli par des demi-sourires, ce qui me renvoyait aux rejets subis durant mon enfance. À un moment, j'ai même failli me laisser envahir par le découragement, mais la considération des plus importants m'a permis de passer outre. Elle m'a notamment appris qu'il était inutile d'essayer de séduire tout le monde.

Ainsi, je ne remercierai jamais assez Jacques Valade, ancien ministre et actuel vice-président du Sénat, alors premier adjoint de Jacques Chaban-Delmas, ainsi que sa femme Tita, pour l'aide qu'ils m'ont apportée. Ils savaient d'où je venais et m'ont pris en sympathie. Dans les soirées, Tita me prenait par le bras et me présentait aux personnes les plus influentes :

— Vous connaissez Bernard Montiel, disait-elle comme une évidence...

Une fois, pour me remercier d'avoir écrit quelques mots gentils sur elle dans *Confetti*, Tita traversa toute une pièce pour m'embrasser très chaleureusement. Et ce au vu de tous, ce qui n'est vraiment pas la coutume dans une cité où les rapports sont toujours très feutrés. Comme passeport pour le beau monde, il n'y avait pas mieux...

*

Au cours de ma vie, j'ai beaucoup fréquenté les cocktails. Et je suis le premier à reconnaître qu'il s'agit d'une immense foire aux vanités, les uns exhibant leur fortune, les autres leur pouvoir, parfois les deux à la fois. N'empêche : je suis bien placé aussi pour savoir que votre vie peut basculer entre petits-fours et coupes de champagne.

La scène se déroula lors d'une réception à la mairie de Bordeaux. Un homme vint se joindre au groupe de personnes avec lesquelles j'étais en pleine discussion. Barbu, rondouillard, le bon vivant du Sud-Ouest dans toute sa splendeur, l'accent compris. On nous présenta.

— Jean Suhas, directeur régional de FR3...

— Bernard Montiel.

— Le Bernard Montiel de *Confetti* ?

Moi, sidéré qu'il me connaisse, je restai bouche bée.

— Je lis vos articles toutes les semaines. C'est très bien : incisif, mordant, professionnel...

Nous avons papoté quelques instants quand, avant de rejoindre d'autres invités, il me lâcha :

— Vous ne voulez pas faire de la télévision ? Vous n'êtes pas mal physiquement...

— Merci pour le pas mal... Mais je n'en ai jamais fait...

— Il faut bien commencer un jour. Venez me voir !

Avec une assurance qui me surprit moi-même, je lui dis :

— Attention, ne jetez pas des mots en l'air, je vais vraiment vous appeler. J'espère que votre secrétaire ne fera pas barrage.

— Non, non. Je vous reçois la semaine prochaine, promis.

Cette nuit-là, j'ai eu du mal à dormir. Jamais je n'avais envisagé de faire de la télé. Pour moi, c'était quelque chose de totalement à part, inaccessible, comme réservé à d'autres. Mais, en y réfléchissant, je me disais aussi qu'il s'agissait d'un métier qui m'irait bien.

⋆

Trois jours s'écoulent, et j'appelle le bureau de Jean Suhas. L'heure de vérité est arrivée.

— Ne quittez pas... je vous le passe.

Trois secondes plus tard, j'entends sa voix, tonitruante :

— Vous avez mis trois jours, c'est un délai raisonnable. Qu'est-ce que vous faites demain après-midi ?

— Euh... rien.

— 15 h 30, ça vous va ?

J'avais rendez-vous !

*

Toute la nuit, j'essaie d'imaginer un projet d'émission – à l'époque, on ne parlait pas encore de concept. Que puis-je faire ? Un magazine de cinéma, évidemment, puisque c'est ma spécialité. Il y en avait sur les chaînes nationales, mais pas à FR3 Aquitaine. Pourquoi ne pas en créer un ?

Persuadé de posséder l'idée du siècle, mais intimidé de rencontrer un homme aussi haut placé, j'arrive dans son bureau. Là trônent quatre postes de télévision, qui lui permettent de suivre toutes les chaînes en même temps. Jean Suhas se montre comme lors de notre première rencontre : chaleureux, enthousiaste, entreprenant. J'ai l'impression que c'est dans la poche.

L'arrivée de son directeur des programmes, poli mais distant, jette en revanche un froid : je sens immédiatement chez lui comme une réticence.

— Donc, vous n'avez pas d'expérience...

Jean Suhas vole à mon secours :

— Il a beaucoup de personnalité dans ses papiers. Faisons un essai.

★

Direction le studio.

Un réalisateur nous rejoint, allume les rampes de projecteurs et règle une caméra. Il n'y a pas d'autres techniciens.

Jean Suhas me donne un texte et me demande de le lire. Il veut aussi que je simule un début d'émission.

— Bonjour, madame, mademoiselle, monsieur, bienvenue dans notre magazine cinéma...

Je suis totalement coincé. Raide, figé, emprunté. L'horreur.

Il me coupe tout de suite.

— Soyez plus naturel que cela !

Tout comme son directeur des programmes, il a les yeux rivés sur un écran de contrôle. Il ne me regarde même pas pour me parler.

J'ai l'impression de laisser filer ma chance.

— Essayez d'être comme dans la vie. Apprenez à vous détendre. Pour le reste, ça va. Vous passez bien à l'image...

★

Quinze jours après, je présentais *Avant-Première*, le magazine du cinéma en Aquitaine. Un mélange de bandes-annonces, d'invités locaux – des directeurs de salle, des journalistes, comme Régine Magné, de *Sud-Ouest*, qui n'était pas encore mariée au cinéaste Alain Jessua –, mais aussi de stars en promo dans la région.

Mon défi était de les convaincre de passer dans mon émission plutôt que dans le journal régional. Ayant l'avantage de pouvoir leur offrir plus de temps, je raflais souvent la mise.

*

C'est ainsi que j'ai interviewé Serge Gainsbourg venu présenter *Charlotte For Ever*, ce qui reste l'un de mes plus grands souvenirs.

Tout le monde m'avait mis au parfum :

— Il est de mauvaise humeur. Sois sympa avec lui, sinon il risque de quitter le plateau en plein milieu de l'émission.

Je le vis arriver dans le couloir, jean fraîchement lavé, chaussures blanches immaculées, impeccable, tout le contraire de l'image qu'il prenait plaisir à véhiculer.

— C'est toi qui vas m'interviewer ? me lança-t-il. Tu as vu le film ?

— Oui...

— Vaut mieux ! T'es tout jeune, mon p'tit gars...

À ce moment-là, il me prit par le cou, tourna le

dos à la cohorte de gens qui l'entouraient et me déclara :

— N'aie pas peur. Ne les écoute pas, je suis sûr qu'ils t'ont dit plein de conneries sur moi. As-tu une bouteille de blanc ? Si tu en as, je te fais une émission top !

On lui a trouvé son carburant. Tout au long de l'émission, il s'est servi à boire en direct. Gêné, je lui ai demandé :

— J'espère que c'est du bordeaux.

— Je m'en fous, je bois tout.

Étant enrhumé, il s'est raclé la gorge avant de lâcher un crachat. Épique, la séquence est d'ailleurs souvent repassée dans les bêtisiers.

De mon côté, j'ignorais comment l'interview allait finir. J'avais en mémoire le fameux numéro d'*Apostrophes* où Bernard Pivot avait été obligé de virer du plateau Charles Bukowski, ivre mort.

En fait, tout s'est bien terminé. À la sortie du studio, Serge Gainsbourg m'a remercié et prodigué un conseil que je n'ai jamais oublié.

— Surtout, n'écoute jamais personne d'autre que toi.

*

Jusque-là, je m'étais fait un (petit) nom, à Bordeaux. Grâce à la télévision, je me suis fait un visage.

On commençait à me reconnaître. On m'offrait

la meilleure place au restaurant. On me faisait passer avant tout le monde. Ne m'attendant pas à cette notoriété, persuadé qu'elle était réservée aux animateurs parisiens, je l'ai accueillie avec d'autant plus de bonheur, comme un cadeau supplémentaire, même si parfois j'étais gêné. Un relent d'enfance sans doute. N'avais-je pas passé de nombreuses années à vouloir être le plus transparent possible ?

*

En plus de mon magazine de cinéma, FR3 m'a rapidement confié l'animation de grandes émissions de variétés diffusées sur le seul réseau régional.

Pour la première, enregistrée à Toulouse, je reçus Nana Mouskouri, que j'avais connue lorsque je travaillais au Français, ainsi qu'une pléiade d'artistes alors dans le vent, tels Jean-Pierre Mader, Kimera, Ertha Kitt ou Niagara.

Très souvent, mes invités me disaient :

— Tu devrais venir tenter ta chance à Paris ; tiens, je te laisse mon numéro de téléphone.

*

J'avais forcé les portes de FR3 Bordeaux par hasard, mais la capitale, c'était une autre affaire.

Noël Hery, l'autre animateur vedette de la station, avait eu sa chance : Guy Lux l'avait engagé pour présenter une émission sur le paranormal dont il assurait la production. J'avais vu Noël monter à Paris et... redescendre aussi vite à Bordeaux. Au bout de trois ou quatre numéros, on l'avait renvoyé dans ses foyers, mais il demeurait la star de notre station régionale.

N'empêche, j'avais fini par y croire. Avec Jacques Rouhaud, un monteur-réalisateur bordelais qui est aujourd'hui mon voisin au Pyla, nous avons fait un montage de mes meilleures émissions. Je l'ai envoyé aux grands décideurs du moment, les Marie-France Brière, les Alain De Greef, les Pascale Breugnot, les Dominique Cantien, sûr d'avoir enfin trouvé le chemin que j'avais tant cherché : la télévision.

Je le savais : Bordeaux ne me suffisait plus.

Troisième partie

Paris

Ci-dessus : À 6 ans je suis en classe à Bègles, près de Bordeaux. Je suis, comme le fut toute ma jeunesse, un enfant sage, obéissant et très docile.

1

2

3

BERNARD MONTIEL L'ENFANCE, LA FAMILLE...

Mon enfance a été marquée du sceau du sérieux. Appliqué en classe, je me suis toujours comporté sagement pour faire plaisir à mes parents mais surtout chercher l'intégration.

4

5

1-Lorsque j'avais 3 ou 4 ans, installés à Casablanca, nous allions souvent sur la plage avec mes parents. 2-Émigrés en France, je me retrouve à l'école Joliot-Curie de Bègles. Plutôt bon élève. 3-Autre plage, autre vie. À Arcachon, nous nous retrouvons en famille. Ma mère, Antonia, et mon père, muni d'un chapeau, nous entourent de tendresse et d'affection. 4-Au Maroc, mes parents, ici au centre, adoraient recevoir leurs amis. Ma mère, ayant toujours été généreuse, mettait les petits plats dans les grands pour les accueillir dignement. 5-1977. Le service militaire, une très belle expérience. Lors de cette cérémonie du 11 novembre, j'ai déjà l'œil tourné vers l'objectif. C'est aussi l'époque où je me mets à prendre la vie comme un jeu. 6-Tout petit, déjà, la passion des animaux... 7-Mon premier baiser, donné – volé ? – à ma cousine Martine. 8-Un communiant solennel décidément très posé... 9-... et un jeune appelé âgé de 20 ans qui l'est un peu moins. Pour 5000 francs, mon frère et moi venons d'acheter notre première voiture, une Triumph Spitfire rouge. J'ai décidé de dévorer la vie autant que les kilomètres.

8

9

1

2

3

BERNARD MONTIEL
LE TOUT DÉBUT

1-Après avoir essayé différents métiers – clerc d'huissier, administrateur de cinéma... –, je découvre peu à peu que j'ai d'autres envies. À Saint-Tropez, c'est le début de la dolce vita.

2-Pour mes premières armes de journaliste, je rencontre les chanteurs qui montent. Journaliste au magazine **Confetti**, une sorte d'équivalent bordelais de **Pariscope**, je rencontre Jean-Jacques Goldman, lui aussi en pleine ascension.

3-Voici, à côté de la chanteuse Bonnie Tyler, l'une des femmes ayant le plus compté dans ma vie. La baronne Jacqueline de Goldsmith-Rothschild fut mon amie et ma confidente pendant vingt ans.

BERNARD MONTIEL LES PREMIÈRES ARMES À LA TÉLÉVISION

De la « Une est à vous » à « Vidéo-Gag » en passant par un rôle dans le feuilleton *Sous le Soleil*, je suis apparu de longues années sur les ondes de TF1.

1- Mes débuts comme comédien dans **Sous le Soleil**, le feuilleton de TF1 réalisé par Éric Summer – à gauche – avec, entre autres, Malaury Nataf – au centre. 2- Grâce à « La Une est à vous », tous les samedis en direct et pendant deux ou trois ans j'ai eu le bonheur de rencontrer des personnalités incroyables, passionnantes, enrichissantes. Notamment l'écrivain Françoise Sagan, une femme exceptionnelle. 3- Qui a dit que je n'envoyais jamais de fleurs aux autres ? À l'époque de « Vidéo-Gag », j'ai participé, avec cette image, à la promotion d'un journal masculin en brassant des dizaines de roses rouges. 4- Devenu très populaire grâce à « La Une est à vous » puis « Vidéo-Gag », mon chien Farouk, un labrador particulièrement affectueux.

1

2

LA UNE
EST
A VOUS
LA UNE

1

BERNARD MONTIEL
LES AMIS, LES PROCHES

Si le monde de la télévision ne donne pas forcément l'occasion, parmi les animateurs, de nouer des relations étroites, j'ai en revanche la chance d'avoir des amis sincères et fidèles.

1

2

3

4

1-Candice Patou, Claudia Cardinale, Patrick Poivre d'Arvor, des amis avec lesquels j'ai plaisir à me retrouver très régulièrement.

De Faye Dunaway (1) à Adeline Blondieau (7), en passant par Michelle Darmon et Virginie Ferry (2), Jacques Valade et son épouse (3), Josiane Balasko, Nicole Garcia et Mireille Darc (4), Alain Juppé (5), Laetitia et Johnny Hallyday (6), je n'aime rien tant que retrouver ceux qui me sont chers. Même si Faye (page suivante) s'est révélée un jour dans ma vie comme une délicieuse manipulatrice.

5

6

7

1

2

1-Deux grandes amies, la brillante attachée de presse Michelle Darmon et la propriétaire du restaurant L'Orangerie de Los Angeles, Virginie Ferry. 2-Autres personnes chères à mon cœur, Jacques Valade, vice-président du Sénat et ancien ministre, et son épouse Tita. 3-À Essaouira, au Maroc, une belle brochette de grandes actrices m'encadre. Un trio de charme, de talent et d'affection composé de Josiane Balasko, Nicole Garcia et Mireille Darc. 4-J'ai une grande admiration pour Alain Juppé, l'homme politique comme l'être privé, qui est à l'opposé de ce qu'il paraît.

3

1

1-Laetitia et Johnny Hallyday, un couple très attentif. Johnny, le meilleur sur scène... tout simplement.

2-Redevenue Blondieau, Adeline est une femme rebelle qui me séduit et m'épate.

2

1

BERNARD MONTIEL ET LES STARS...

Je n'en fais pas mystère ni n'ai à m'en cacher : j'aime les stars. Une passion du cinéma et de la chanson qui m'a permis de rencontrer les plus grands interprètes.

2

3

4

5

1-Avec Isabelle Juppé et Kristin Scott-Thomas, lors de la Fête du Vin à Bordeaux en 2002.

Qu'ils s'appellent Alain Delon (2), Liza Minelli (3), David Douillet (4), Juliette Greco (5), Céline Dion (6), Clint Eastwood (7) ou Sharon Stone (8), j'ai vécu avec eux des rencontres et des moments inoubliables.

6

7

8

1

2

3

1-Aux États-Unis, lors d'un concert de Julio Iglesias à New York, j'ai rencontré Liza Minelli. Une femme fascinante dans ses films comme ses combats. 2-Que dire d'Alain Delon ? Pour moi, il est plus qu'une star, c'est un véritable ami, l'homme le plus extraordinaire que je connaisse grâce à sa diversité. Ici, je viens l'accueillir à sa descente d'hélicoptère au festival de Cognac. 3-Pour le Noël des animaux de la Fondation Brigitte Bardot et de la SPA, Alain Delon évoque son engagement entouré de Brigitte Bardot et Mylène Demongeot.

2

3

4

1-Une pléiade de **people** qui sont aussi des proches, lors de la Fête du Vin à Bordeaux : David Douillet et son épouse Valérie, la journaliste Françoise Laborde, et le cinéaste Régis Wargnier.

2-J'ai reçu, à ses débuts et aux miens, Céline Dion dans une de mes émissions avec ma productrice fidèle et tendre Leila Milcic. C'était l'époque où elle chantait **Ziggy**.

5

3-À Cannes, alors qu'il présidait le festival, j'ai réalisé un rêve de gosse : croiser et discuter avec le plus grand des cow-boys et excellent metteur en scène, Clint Eastwood. 4-Juliette Gréco : l'intelligence, l'authenticité, l'honnêteté, un être exceptionnel qui me donna un conseil majeur : «Soyez difficile» . 5-À l'époque de **Basic Instinct**, je rencontre Sharon Stone. Un autre mirage devenu réalité.

1

2

3

BERNARD MONTIEL D'AUTRES FACETTES

Dès que l'on passe à la télévision, la presse fait de multiples portraits de soi. Voici quelques images de registres différents.

1-Un incontournable : je pose avec Farouk, une vraie star.
2-Sur la plage de Malibu...
3-Dans ma maison du Pyla, avec Farouk et mon autre labrador, Rocco.
4-5-6-D'autres facettes...

4

5

6

Chapitre 21

Des débuts prometteurs

Quand j'ai décidé de tenter ma chance à Paris, la télévision était en pleine mutation.

Dynamitée par l'arrivée de Canal Plus, elle commençait à perdre son ton un brin académique, voire cérémonieux, hérité de l'ex-ORTF. Christophe Dechavanne avait commencé à dépoussiérer les après-midi, sa décontraction, sa liberté, son apparent je-m'en-foutisme bouleversant le paysage audiovisuel. D'ici peu, toute une nouvelle génération devait forcément s'imposer.

Allais-je trouver ma place dans cette nouvelle donne ?

★

J'ai envoyé ma cassette. Et j'ai appelé. Mais ce n'était pas comme avec Jean Suhas qui, tenant parole, m'avait tout de suite pris au téléphone. Là, on ne me passait jamais personne !

Un jour, Dominique Cantien m'a néanmoins donné rendez-vous. Heureux mais aussi un peu anxieux, j'ai pris le train pour Paris. Arrivé dans les locaux de la Tour Montparnasse – ce manitou des programmes venait d'arriver à la tête des programmes de TF1 fraîchement privatisée –, on m'a demandé de patienter. Soudain, dans le couloir où j'attendais, j'ai aperçu Renaud Rahard qui travaillait alors avec Christophe Dechavanne. Poli, je lui lance un :

— Bonjour...

Il ne m'a même pas répondu.

Paris commençait bien.

Peu à peu, les minutes se sont mises à couler. Le temps passait. Pas de nouvelle de mon entretien. Au bout du compte, avec une heure de retard, Dominique Cantien a fini par me recevoir. Si, de toute évidence, elle n'avait même pas jeté un œil sur ma cassette, ce qui l'obnubilait, c'était mon accent bordelais.

— Il faudrait le perdre..., ne cessa-t-elle de me répéter durant cette rencontre.

Tout cela pour, au final, me dire que, pour le moment, elle n'avait rien pour moi.

D'une certaine manière, ce n'était pas non. Mais ce n'était pas oui, non plus...

*

Je venais de faire chou blanc, mais je croyais en ma bonne étoile. Et je refusais de désespérer. Mais comment pousser les portes et vaincre l'indifférence sans indisposer ? Comment faire comprendre mes envies comme ma passion si on ne prenait même pas la peine de regarder mon travail ou de m'écouter ? Ces questions tournaient en moi.

La chance, il faut la forcer.

Un homme va m'y aider : Jean-François Lepetit, l'un de mes plus vieux amis. Je l'avais connu alors que je travaillais au Français et que lui, bras droit du grand distributeur de films Tony Molière, avait accompagné Danièle Delorme et Mario Adorf, venus présenter leur dernier film, *La Cote d'amour*, de Charlotte Dubreuil.

Nous nous sommes tout de suite reconnus : on était tous les deux issus d'un milieu modeste et on avait la même ambition de s'en sortir, de voir plus grand, plus beau, ce qui ne nous empêchait pas de profiter des plaisirs de la vie.

Devenu lui-même producteur à travers sa société Flach Films, il avait décidé de lancer une branche télé après le succès phénoménal du film *Trois Hommes et un couffin*. De bon conseil, il me dit un jour :

— Trouve-moi une idée de magazine cinéma !

Nous avions à peine commencé à travailler sur ce thème qu'il me rappelle et m'annonce :

— Pascale Breugnot cherche de nouveaux

visages pour ses émissions de rentrée. Elle fait des castings. Passe-lui un coup de fil de ma part.

À l'époque grande prêtresse des magazines sur TF1, Pascale Breugnot avait réinventé les émissions de société à travers des programmes accrocheurs comme *Moi je*. Dans mon esprit, je ne l'imaginais donc pas du genre à prendre les petits provinciaux au téléphone. Mais, en appelant de la part de Jean-François Lepetit, j'avais une chance d'être toujours bien accueilli. La preuve : quelques jours plus tard, elle me recevait chez elle, dans le Marais.

— J'ai vu votre cassette, c'est très bien, commença-t-elle. Je prépare une émission sur les coulisses de la télé, ça vous intéresserait ?

Et comment ! Nous papotons une heure, le temps de constater que nous sommes sur la même longueur d'onde. C'est une femme de caractère, et j'aime ça.

— Je crois que tu pourrais la faire, cette émission, finit-elle par conclure. Je peaufine le concept et je te rappelle. Ne t'inquiète pas, je pense que j'aurai quelque chose pour toi.

On m'avait averti qu'à Paris tout prenait toujours des mois, mais, une semaine plus tard, le téléphone sonnait chez moi, à Bordeaux. Pascale Breugnot en personne me recontactait.

— Tu veux toujours travailler à Paris ?

— Ben... oui !

— Alors tu es engagé. Viens régler les problèmes de contrat, mais c'est bon.

J'avais trente ans et je venais d'être engagé par TF1. La première chaîne, comme on l'appelait encore. Je n'ai jamais su montrer mes émotions, mais, si tel avait été le cas, ce jour-là, je crois que j'aurais embrassé tous les gens que je croisais.

*

Ma première émission sur TF1 a donc été *Télé-Connexion*. Pour la première fois, bien avant le *Téléplus* de Michel Denisot, la télévision parlait d'elle-même. Nous recevions, le présentateur et les chroniqueurs, des vedettes du petit écran et les passions à la question, dans une ambiance sérieuse mais bon enfant.

À FR3, je faisais tout moi-même. Sur TF1, je découvrais le travail en équipe.

*

Dans l'équipe de *Télé-Connexion* se trouvaient quelques personnes qui firent parler d'elles par la suite.

L'assistant de l'émission n'était autre que Rafaël Mezrahi, le journaliste volontairement maladroit et grotesque des émissions de Canal Plus dont certaines des séquences sont devenues cultes. À l'époque, il préparait mes fiches avec beaucoup de vigilance : je ne risquais donc pas de passer pour l'intervieweur incapable qu'il s'est ensuite amusé à camper. Le plus étonnant est qu'à l'époque c'était une ombre qui ne semblait pas tentée par la lumière. Nous nous sommes parlé souvent, et jamais il ne m'a fait alors part de son envie de passer de l'autre côté des caméras.

Quant à Christine Bravo, jeune journaliste issue de la presse écrite, elle a été engagée en cours d'année pour brosser le portrait des invités. Elle a commencé avec Anne Sinclair. Le résultat étant drôle et incisif, elle a poursuivi avec succès. Je garde toujours une tendresse particulière pour elle.

*

Tous les ténors de la chaîne nous ont, un jour ou l'autre, rendu visite. Même Patrick Sabatier, qui était alors au sommet de sa gloire. Il fut aimable, sans plus. Juste professionnel...

Après la privatisation, Étienne Mougeotte, l'ancien patron de *Télé 7 Jours* et notre nouveau boss, est venu expliquer son rôle. Je ne l'avais jamais rencontré jusque-là. Très à l'aise, on sentait chez lui l'ancien homme d'antenne exprimant des idées visionnaires. J'avoue qu'il m'a bluffé. En partant il m'a dit :

— Votre émission marche bien, on est content de vous.

C'est tout juste s'il n'a pas ajouté : « avenir prometteur », tant il y avait dans son ton un côté prof qui distribue les notes. En tout cas, c'était encourageant !

Je n'imaginais évidemment pas que, quelques années plus tard, je connaîtrais le conseil de discipline et l'exclusion pour insubordination.

Chapitre 22

Marisa, ce n'est pas du cinéma

1987. En arrivant à Paris, je n'ai pas cherché à louer d'appartement. Je me suis installé chez une amie.

Marisa Berenson.

La star de *Barry Lindon* et de *Cabaret*.

Non, ce n'est pas du cinéma.

*

Nous nous étions rencontrés six mois plus tôt, au début du printemps, dans le cadre idyllique de Château-Margaux, la plus prestigieuse propriété de la région bordelaise, à l'occasion du tournage de *Flagrant Désir*. Un polar de Claude Faraldo à l'intrigue noueuse comme un cep de vigne qui se déroulait dans le Médoc.

Dès que j'avais été mis au courant de ce tournage, j'avais tout fait pour y assister avec l'idée de convaincre Marisa Berenson de participer à mon magazine de télé ou à mon émission de radio car, entre-temps, l'antenne bordelaise de Fun m'avait également confié un rendez-vous hebdomadaire consacré au cinéma.

Quand je suis arrivé, les camions régie avaient envahi les allées au gravillon impeccablement ratissé. Je me suis présenté à l'attachée de presse, Marquita Doassans, qui me proposa d'observer le tournage d'une scène. Je pris soin de me faire le plus discret possible : sur un plateau, on a toujours l'impression de gêner.

À un moment, Claude Faraldo suggéra de passer à la séquence suivante. Le temps d'installer les caméras, comme souvent les comédiens décompressèrent. J'en profitai pour m'approcher d'eux. Arielle Dombasle, volubile, chantonnait dans son coin. Lauren Hutton, me voyant, se mit à badiner avec moi, très coquine, style « tu es trop jeune pour moi ». Marisa Berenson, de son côté, resta plus lointaine, méfiante, comme un chat recroquevillé dans son coin. Quand le tournage reprit, je repartis dans mon coin. Et, quand arriva la pause déjeuner, Marquita Doassans me convia à partager le repas de l'équipe... et me plaça en face de Marisa.

Le rêve absolu.

L'actrice, belle, diaphane, douce, commença par m'interroger sur la vie à Bordeaux qu'elle n'avait pas encore eu le temps de visiter. Puis, très vite, la conversation prit un ton léger et facétieux.

Peu à peu, je me mis à oublier la star et découvris une femme vive, piquante, furieusement sympathique. Chaleureuse, elle me promit de participer à mon émission et prit en note mes coordonnées.

Le soir même, elle m'appelait.

— C'est Marisa... Demain, je ne tourne pas. Venez me chercher vers 4 ou 5 heures, on fera un tour de Bordeaux avant d'aller faire votre émission. Et, si vous êtres libre, on pourra même dîner ensemble.

Si vous êtes libre...

Autant dire que j'annulai aussitôt mon dîner.

Bien sûr que je serai libre !

★

À l'heure dite, je l'attendais au Relais Margaux, l'hôtel adossé au Château-Margaux. Elle arriva, chic et naturelle, chaussures plates, jean discret, veste Chanel, les cheveux frisés au vent, de gros bracelets berbères en argent autour des bras.

Nous avons fait le tour des hauts lieux de la ville, la place des Quinconces, la place du Parlement, les allées de Tourny, les quais. J'hésitai à décapoter ma Golf, histoire de montrer à toute la ville avec qui j'étais, toujours tenaillé par ce besoin de montrer que je tenais ma revanche, mais je m'abstins : j'avais déjà appris qu'il ne fallait jamais en faire trop.

L'interview, à la radio, se passa divinement bien, et nous allâmes dîner à la Coquille d'œuf, le restaurant à la mode de d'époque, où j'avais demandé au patron de nous réserver la meilleure table. Toute la soirée, nous avons parlé de la vie et de l'amour, ri de tout et de rien, comme si nous nous connaissions depuis toujours, mais avec le petit frisson qui caractérise les premières rencontres. Notre complicité était tellement évidente que le patron nous a même dit, avant de lui tendre le livre d'or :

— Vous avez l'air de vous connaître depuis longtemps.

Nous n'avons pas osé le démentir.

⋆

Quand, quelques mois plus tard, je suis monté à Paris, j'ai immédiatement pensé à elle. Comme notre amitié avait pris réellement forme, que nous nous donnions régulièrement des nouvelles l'un de l'autre, j'ai osé lui demander si elle pouvait m'héberger. Évidemment, avec sa générosité coutumière, elle accepta.

Marisa, qui avait quitté New York après son divorce, venait de s'installer dans la capitale dans un luxueux appartement de la rue du Bac, avec de beaux parquets, des moulures au plafond, d'épais doubles rideaux, des meubles de collection, des orchidées partout. Le style était assez chargé mais sans la moindre fausse note, racé mais pas le moins du monde ostentatoire. La vraie classe. À son image.

Pour un début à Paris, je ne pouvais donc rêver mieux.

À l'époque, Marisa était en pleine période de reconstruction. Comme elle l'a dit elle-même, la plupart de ses problèmes, comme chez beaucoup de personnes, remontaient à l'enfance : elle avait en effet connu des rapports conflictuels avec sa mère, son père s'était singularisé par son absence, et sa grand-mère l'avait complexée à force de lui répéter qu'elle n'était pas jolie. Un comble.

Son incroyable itinéraire, qui l'avait vue passer des podiums des grands couturiers aux plateaux de Stanley Kubrick ou Luchino Visconti, sans oublier la Factory d'Andy Warhol, avait heureusement épanché sa soif de revanche. Mais il lui fallait quelque chose en plus : de l'insouciance, de la légèreté, de la frivolité.

Je lui ai apporté l'admiration dont elle se nourrissait, mais aussi ma jeunesse et l'innocence qui en découlait.

*

Nous nous disions tout. Dans une complicité totale, sincère, vraie. Quand elle avait un coup de blues, je l'invitais à dîner au Voltaire, un restaurant situé à deux pas de l'appartement, et nous bavardions durant des heures.

Très attentive à sa ligne, elle commandait en général une salade de haricots verts. Mais, lorsqu'elle voyait arriver l'assiette, elle comprenait qu'il n'y avait pas de quoi combler sa faim, alors elle demandait qu'on y ajoute quelques tranches de foie gras. C'était dit comme ça, naturellement, sans la moindre volonté de mettre mal à l'aise : sa vie avait toujours été facile, aisée, privilégiée. Moi, moins fortuné, je pensais avec quelques sueurs froides à l'addition que j'allais devoir régler...

Heureusement pour mes finances de jeune animateur débutant, la plupart du temps, nous étions de sortie. Donc invités. À Paris ou ailleurs, ce qui m'a permis de découvrir la *jet-set* internationale.

Au fil des mois, découvrant un univers encore plus différent de ce que j'avais imaginé dans mes rêves, je me mis à trouver Bordeaux diablement petit.

Si guindé.

Et si loin.

Marisa vivait dans un autre monde, hors du temps, hors des contraintes. Un univers de délicatesse, de sous-entendus et d'élégance auquel je me sentais étranger malgré sa volonté de m'y intégrer.

*

La vie m'avait déjà enseigné les rudiments du savoir-vivre dans le beau monde, mais je n'étais pas à l'abri d'une faute de goût.

Je me souviens ainsi d'un séjour chez sa grande amie Diane de Fürstenberg à Saint-Tropez. Après le déjeuner, quand j'apparus près de la piscine avec un slip de bain moulant, cette dernière m'a accueilli par un sonore :

— Mais quelle horreur, ce maillot de coiffeur ! Enlève-le tout de suite.

Comme je n'en avais pas d'autre, on est aussitôt allé en acheter un dans une boutique aussi chic que chère.

Reste que j'avais été terriblement vexé.

Encore une humiliation qui me renvoyait à l'enfance.

*

Notre histoire, avec Marisa, s'écrit sur papier glacé. Fréquenter ses amis, c'était comme feuilleter les pages d'un magazine *people*.

Un jour, nous passions la soirée avec Mick Jagger. Un autre, avec Sergio Gobbi ou Arielle Dombasle. Un troisième, nous dînions avec le mythique romancier du *Mépris*, Alberto Moravia, un vieux monsieur aux cheveux blancs mais au langage très cru qui préférait parler de la vie que de ses livres.

Par ailleurs, chaque fois que Liza Minnelli

venait à Paris, nous allions la rejoindre dans sa suite au George V. Une fois, nous l'avons trouvée, assise en tailleur, en train de regarder une cassette du *Magicien d'Oz* parce qu'elle ne voyageait jamais sans emporter des vidéos de Judy Garland.

— Regardez, c'est ma mère. Admirez comme elle est belle..., nous dit-elle.

Marquée – déjà ! – par la vie, elle était profondément touchante avec ses grands yeux qui ont tant besoin de nous et reflètent tant d'écorchures.

Ensuite, nous allions faire du shopping dans les rues de Saint-Germain-des-Prés et finissions la journée par un dîner chez Lipp.

Avec Marisa, j'ai aussi monté pour la première fois les marches du festival de Cannes. En respectant toutes les règles du genre. Notamment celle de passer un après-midi à se pomponner pour fouler quelques secondes seulement le tapis rouge. À Saint-Tropez, nous avons dîné avec Clint Eastwood qui l'a engagée quelques années plus tard pour *Chasseur blanc, cœur noir*. À New York, j'ai connu sa sœur, Berry, alors mariée à Anthony Perkins, qui se trouvait, le 11 septembre 2001, dans le premier avion à s'écraser contre le World Trade Center.

En somme, Marisa Berenson m'a offert une vie de rêve.

*

Contrairement à l'image qu'elle peut avoir, un peu glacée, distante, voire froide, Marisa est une femme chaleureuse qui aime la fête. En Italie, elle avait du reste une autre vie. En France, en revanche, elle préférait la discrétion. Et voyait en moi un confident qui savait lui tenir tête, mais aussi un protecteur, un complice, un compagnon, un camarade de jeux. Et plus que tout, un petit frère.

En fait, elle n'était pas amoureuse de moi, hélas !

Elle a beaucoup de mal à donner, car elle a été beaucoup trahie. Résultat, elle se fait en permanence passer pour victime : ses problèmes sont devenus ses repères. Au fond, elle n'a pas le goût du bonheur, elle est naturellement triste, alors que je suis optimiste et joyeux.

Un malentendu nous a séparés, et notre histoire s'est arrêtée. Sans espoir de retour. Les femmes sont comme cela : définitives. Leur détermination m'a toujours suffoqué. Moi, on peut toujours me rattraper...

À moins qu'elle ait tout simplement profité de l'occasion pour se séparer de quelqu'un qui n'hésitait pas à lui dire la vérité en face...

Mais le souvenir est joli, et, dès que je la vois ou qu'on me parle d'elle, mon cœur bat plus fort...

Chapitre 23

La une est à moi

Quelques mois après mon arrivée sur TF1, j'étais devenu la nouvelle valeur montante de la chaîne. Quelques échos dans la presse, des commentaires internes élogieux, des personnes qui me disaient désormais bonjour quand auparavant elles m'ignoraient, autant de petits détails qui m'avertissaient que ma cote grimpait.

Dès janvier, Dominique Cantien m'a proposé d'animer *Un samedi nommé désir*, une émission de week-end diffusée chaque samedi matin en direct du café de la Jatte à Neuilly, un restaurant à la mode qui présente la particularité d'abriter un squelette de dinosaure. Une brochette de chroniqueurs, dont Annie Pujol – qui en avait eu assez de faire tourner *La Roue de la fortune* –, évoquaient l'actualité du cinéma, des loisirs, de la beauté, etc.

Je n'étais pas au bout de mes surprises : souvent,

quand je m'apprêtais à prendre l'antenne, la productrice, Laurence Touitou, se mettait à sangloter. J'étais aussitôt envahi de l'impression d'être au-dessous de tout, convaincu de ne pas être à la hauteur. En fait, je l'appris par la suite, c'était sa manière d'extirper son angoisse... mais avouez que c'est assez déstabilisant pour un jeune fraîchement débarqué de sa province...

*

Dans la foulée, on m'a aussi confié une troisième émission, *Ordinacœur*, dont le principe était de soumettre trois hommes et trois femmes à un questionnaire afin de voir lesquels pourraient s'entendre.

Des couples se sont-ils réellement créés ? Je ne l'ai jamais su. En tout cas, cette émission symbolise à elle seule l'évolution de la télévision : aujourd'hui, avec la télé-réalité, elle commencerait en effet là où la nôtre finissait. À la porte de la chambre à coucher.

Est-ce le thème de ce programme, toujours est-il que l'ambiance était aussi aux fredaines au sein de l'équipe. Ainsi, les jours d'enregistrement, il y avait toujours des bouquets de fleurs dans les couloirs du studio : Nathalie Galant, qui coprésentait l'émission avec moi, était en effet courtisée par deux hommes politiques, l'un de droite, qui était ministre et l'autre de gauche, qui allait le devenir.

Ce qui ne l'a pas empêchée de rester fidèle à son fiancé de l'époque...

★

Au printemps de la même année, Eddie Barclay m'invita à son mariage avec une jeune provinciale qu'il avait rencontrée en cherchant une Angélique pour un spectacle qu'il espérait monter d'après la fameuse saga cinématographique interprétée par Michèle Mercier. Il lui a donné son nom, elle l'a gardé après leur divorce : Caroline Barclay sait s'habituer aux meilleures choses.

Durant la fête qui se déroula au Pavillon Dauphine, Annie Marquand, une amie attachée de presse, me présenta une très belle Yougoslave, au charisme certain et à l'accent prononcé, Lela Milcic, la productrice de *La une est à vous* sur TF1.

Aussitôt je m'enthousiasme :

— Quelle belle émission !

— Vous voulez me flatter ou vous êtes sincère ? me rétorque-t-elle mi-figue, mi-raisin.

— Sincère !

Elle m'interroge alors sur le genre d'émission que j'aimerais présenter, à l'avenir, et, particulièrement *pushy*, je lui réponds avec un grand sourire :

— Mais *La une est à vous* ! Je serais ravi de travailler avec vous.

J'ajoute, péremptoire :

— La seule chose que j'aimerais éviter, ce sont les jeux.

— Ne dites pas cela, me coupe-t-elle. À la télévision, tout est intéressant, surtout pour un jeune animateur. Patrick Sabatier a également présenté des jeux avant d'être une star ! N'ayez pas peur d'être populaire, c'est le secret de la longévité.

*

Le destin aide-t-il les audacieux ? En tout cas, la malchance des uns peut faire parfois, sans qu'on l'ait voulu ni souhaité, la bonne fortune des autres. En effet, quelques semaines après cet entretien direct, j'apprends que Sylvain Augier, le présentateur de *La une est à vous*, a été victime d'un accident de parapente. Cloué sur un lit d'hôpital pour plusieurs mois, les jambes broyées, il doit déclarer forfait.

J'avais oublié depuis longtemps ma conversation avec Lela Milcic – dont j'avais appris par Annie Marquand qu'elle m'avait trouvé « un peu prétentieux » – lorsque, un jour, mon téléphone sonna. C'était elle.

— Vous avez toujours envie de présenter mon émission ? demanda-t-elle d'emblée.

— Mais... euh... bien sûr !

— Alors vous la présentez samedi prochain.

Trois jours après, j'étais à la barre de l'un des plus populaires rendez-vous de la télévision française. Un programme phare à l'audience record lancé à l'époque où la première chaîne était encore en noir et blanc : c'était Bernard Golay qui l'animait.

★

Quelques semaines plus tard, nous avons fait un duplex avec Sylvain Augier dans sa chambre d'hôpital. Mais, sa convalescence ayant duré beaucoup plus longtemps que prévu, et les chiffres d'audience ne cessant d'augmenter, TF1 a refusé qu'il revienne quand il fut guéri. Heureusement pour lui, il a trouvé le moyen de faire rebondir sa carrière quelques années après avec l'excellent *Faut pas rêver*.

★

Le principe de cette émission était des plus simples : les téléspectateurs choisissaient eux-mêmes le programme en appelant notre standard à l'intérieur de quatre catégories : comédie, policier, science-fiction, western. Entre les différentes séries, je recevais des invités. Des chanteurs comme Julio Iglesias ou Roch Voisine, des acteurs comme Anthony Quinn ou Charlotte Rampling, des écrivains comme Françoise Sagan ou Marek Halter. Rien que du beau monde : vu l'influence et la qualité des invités, il s'agissait réellement d'une émission où il fallait passer. Même la rarissime Mylène Farmer vint un jour, ce qui avait occasionné un dialogue assez surréaliste.

— Quelle série préférez-vous ? lui demandai-je.

— Aucune. En fait, je ne les connais pas. Je ne regarde jamais les feuilletons...

J'en fus quitte pour improviser une présentation détaillée de chaque série...

La réussite de Mylène, menée dans une discrétion exemplaire, ne l'empêche pas d'être fidèle. Chaque nouvel an, elle m'envoie une carte de vœux décorée d'un Arlequin – son personnage fétiche.

*

Une autre fois, nous avons réalisé l'émission en direct d'un refuge de la SPA à Gennevilliers en compagnie de Brigitte Bardot.

La star n'avait pas participé à une émission de télévision depuis longtemps, et arriva sur le plateau rongée par le trac. Et, juste avant la prise d'antenne, à ma grande surprise – où allait-elle alors que nous allions être à l'écran ? –, je l'ai vue filer aux toilettes. Il a même fallu improviser un raccord maquillage pendant le générique.

Par la suite, nous nous sommes souvent revus. Elle m'a même accueilli dans sa maison de Bazoches, et je garde pour l'actrice et l'avocate des animaux une réelle admiration. Le problème est qu'elle vit dans un monde clos, où sa seule réalité est la télévision.

Passons !

Chapitre 24

Un ange gardien

L'idée de ce programme longue durée qu'était *La une est à vous* revenait à Guy Lux, qui avait créé avec Claude Carrère une société au nom très en avance pour l'époque, « People Productions ». Il avait d'ailleurs toujours eu le chic pour inventer d'excellents concepts, que les chaînes ne se sont jamais privées de piller sans même lui demander la permission. Prenez *La Séance du dimanche* de Canal Plus, n'est-ce pas exactement le principe de *La une est à vous* ?

Guy Lux avait, plus qu'aucun autre, le sens du public. Il était en osmose parfaite avec lui. Même au temps de sa gloire, il continuait de vivre comme lui. D'une certaine manière, il « était » le public. Rien à voir avec les présentateurs-vedettes d'aujourd'hui qui gagnent tellement d'argent qu'on ne les voit plus que derrière les vitres fumées de leurs limousines conduites par des chauffeurs, suivez mon regard... Comment, dans ces conditions, rester proches des gens, comment combler leurs attentes les plus secrètes ?

Depuis qu'il avait été banni de l'antenne, Guy Lux portait un regard non pas amer, mais totalement lucide sur le petit monde de la télé.

Il avait été à l'origine de bien des carrières, mais il n'était pas groupie. Néanmoins, quand nous avions des invités qu'il avait bien connus, comme Mireille Mathieu ou Sylvie Vartan, il venait nous rendre visite au studio. Sinon, il préférait aller jouer aux courses, c'était sa manière de tromper son ennui.

Nous n'avons jamais été intimes, mais il m'avait pris en sympathie, comme s'il avait voulu me passer le témoin. Il m'avait donné quelques conseils, notamment sur l'art et la manière de tenir le micro à pleines mains, et non du bout des doigts, comme bien des animateurs, qui donnent ainsi l'impression de ne pas s'approprier l'émission.

— Tu réussiras, m'avait-il dit lors d'une de nos premières rencontres, car tu es naturel et honnête. Avec cela, tu as tout pour gagner. Fais juste attention à ne pas te laisser pourrir par le milieu.

*

De temps en temps, je le recevais non pas dans les coulisses, mais sur le plateau car il continuait à s'occuper d'une association au but particulièrement louable : « Pas d'enfant sans vacances ».

Un jour, il a même animé un passage de ma propre émission. Des amis de Bordeaux, menés par Paul Bassi, s'étaient mis en tête de me faire enregistrer un disque et avaient écrit une jolie chanson intitulée *Absolu dément fou de vous*.

— Si c'est toi qui l'interprètes, ça marchera mieux.

J'ai accepté. Pour voir. Quand on a l'opportunité de faire certaines choses – et l'avantage principal de la notoriété est de vous ouvrir de nombreuses portes –, pourquoi s'en priver ? Ce fut une expérience enrichissante que de voir à quel point enregistrer un disque relève du perpétuel combat. Je me suis investi à fond : j'ai pris des cours de chant, tous les jours, pendant six mois.

Lela Milcic, tel mon ange gardien, a tout de suite voulu me donner un coup de pouce. Pour elle, il était évident que j'interprète mon titre dans *La une est à vous*. Mais comment être des deux côtés de la barrière, animateur et chanteur ? Elle eut donc l'idée de demander à Guy Lux de me lancer. Ce qu'il fit, accompagné pour l'occasion de Mireille Mathieu. Comme parrains de ma carrière d'interprète, je ne pouvais guère trouver mieux.

Le lancement, lui, fut moins réussi.

— Vous le connaissez bien et aujourd'hui il vous réserve une surprise, il va chanter pour vous, votre ami, notre ami, Bernard Montiel, qui va vous interpréter... euh...

Guy Lux comme Mireille Mathieu avaient tous les deux oublié le titre de la chanson.

Comme souvent avec Guy, un éclat de rire a sauvé la situation !

*

Ce fut la seule émission que j'aie faite pour assurer la promotion de ce disque sur TF1.

La chaîne – ma « famille », comme dirait Mougeotte – n'a pas levé le petit doigt pour m'aider. Daniel Moyne, qui programmait alors *Sacrée Soirée*, m'a même fait lanterner pendant plusieurs semaines – jusqu'à ce que mon attaché de presse se lasse de le rappeler.

En revanche, les radios ont bien joué le jeu, et le disque a correctement marché. Notamment en Belgique, où je reçus un accueil formidable.

Mais, comme chanter n'était pas mon métier, j'ai préféré me concentrer sur la télévision.

Fin donc de ma période Julio Iglesias : cheveux bouclés, teint hâlé, regard de velours.

Quelques années plus tard, j'ai néanmoins repris le chemin d'un studio pour enregistrer l'une des chansons du feuilleton *Sous le soleil*, *No me cansare* (« Je ne me lasserai pas »). Un texte que j'avais écrit moi-même en espagnol, en clin d'œil à mes origines, et qui reste comme l'une de mes plus grandes fiertés – discographiques.

*

De tous les producteurs que j'ai connus à la télévision, je garde une affection toute particulière pour Lela Milcic. J'aimais son enthousiasme mais aussi sa dureté : je ne déteste pas, en effet, me faire taper sur les doigts lorsque je le mérite.

Quand les choses ne se déroulaient pas selon ses désirs, elle fonçait dans ma loge et me lançait en fumant sa cigarette par saccades :

— Vous voulez que je vous dise, mon p'tit chéri ? Vous avez été très mauvais. Vous étiez où, là ? Vous regardiez la caméra, mais il n'y avait rien dans vos yeux. Votre regard était vide. À quoi pensiez-vous ? Vous avez fait la fête hier soir ?

Lela se montrait impitoyable : elle remarquait toujours la moindre faiblesse. Impossible de tricher avec elle. Au début, quand j'entendais de tels reproches, j'étais désorienté : ses critiques résonnaient pour moi comme une marque de rejet. Sûr qu'elle ne m'aimait pas, j'étais persuadé qu'elle devait faire bon gré, mal gré, comme si la chaîne m'avait imposé.

Avec le temps, j'ai compris que ces reproches traduisaient son professionnalisme sans faille. Elle désirait que je sois en permanence au meilleur de moi-même.

*

Je me souviens ainsi d'une émission dont Henri Salvador était l'invité d'honneur. Arrivé en avance, avant l'enregistrement, il nous avait accompagnés dans le petit restaurant italien, près des Buttes-Chaumont, où nous avions nos habitudes.

« Champagne pour tout le monde », avait-il lancé avec la générosité qui le caractérise.

Le problème, c'est que le champagne me soûle. Et, au début de l'émission, c'est tout juste si j'arrivais à articuler.

Blagueur, Henri Salvador m'interrompit alors :

— Toi, tu as forcé sur le champagne, à midi !

Deux poivrots...

À la première pause, Lela m'a passé un savon :

— Allez courir, mon p'tit chéri, faites le tour du parc, ça passera.

Je me suis exécuté. Henri Salvador, lui, a fait une sieste.

*

Avec le direct, tout est possible. À commencer, bien sûr, par le pire : c'est ainsi que Catherine Ringer des Rita Mitsouko a perdu... une dent sous le regard impitoyable des caméras. Pour moi, l'imprévu n'est ni une angoisse ni une épreuve, c'est au contraire un coup de chance, une manière de rendre l'émission plus surprenante, plus vivante. Je ne demande que ça. C'est d'ailleurs ce qui m'a le plus manqué durant les dernières années de *Vidéo-Gag*.

Mon labrador, Farouk, a aussi fait des siennes. J'ai commencé à l'emmener avec moi sur le plateau quand il a eu deux mois. Au départ, je craignais que Lela râle, mais elle a vite compris, tout comme les réalisateurs de l'émission, Jean-Louis Cap, Jacques Brialy, puis Renaud Le Van Kim, le parti qu'ils pouvaient en tirer. Sa seule consigne était :

— Si vous riez à cause de lui, expliquez au téléspectateur ce qui se passe, de façon qu'il ne se sente pas exclu.

Avec Farouk, c'est l'inattendu qui entrait sur le plateau. Un jour, on le voyait mordiller les câbles, un autre, faire ses besoins sur un fauteuil, un troisième, mordre le micro et partir dans les coulisses avec la bonnette dans la gueule. Parfois, il me sautait sur la tête en plein direct. Sans parler des jours où je me retrouvais sans fiche...

En fait, il reproduisait sur le plateau les jeux que nous avions, entre nous, à la maison.

J'avais beau essayer de le retenir, il allait partout. Il n'hésitait pas non plus à taquiner les invités. Julio Iglesias en a fait l'expérience au milieu d'une chanson d'amour : mon chien n'a en effet pas arrêté de lui tirer le pantalon en essayant de lui mordiller les mollets.

Très vite, Farouk est inévitablement devenu la mascotte de l'émission. Le public l'adorait, il apportait une formidable touche de naturel. C'était un peu comme si *La une est à vous* se passait à la maison. Je faisais tous les reportages *people* dans les magazines avec lui, et il figurait même sur toutes les cartes postales que l'on envoyait aux fans.

Il a marqué toute une génération, notamment les plus jeunes, d'autant qu'il m'a aussi accompagné dans les premières années de *Vidéo-Gag*.

Avec ses yeux qui veulent dire tant de choses, il correspond à tout ce que j'aime : il est à la fois serein, joueur et nounours.

Durant des années, il a fait l'aller-retour chaque semaine entre Paris et le Pyla. À l'enregistrement, les hôtesses lui parlaient comme à un passager régulier. Âgé désormais de quinze ans, il est trop fatigué pour supporter le voyage, d'autant qu'il souffre d'arthrose, aussi reste-t-il à Bordeaux.

Je le sens partir doucement... J'ai peur.

Je l'aime.

*

La une est à vous fonctionnait tellement bien que les annonceurs réservaient chaque mois davantage de pub. Résultat, j'avais de moins en moins de temps pour recevoir les artistes. C'était rageant, mais mieux valait cela que des sondages à la traîne.

Et puis, un jour de juin, sept ans après mes débuts, Lela Milcic m'a appelé et annoncé de but en blanc, avec son délicieux accent slave :

— Mon p'tit chéri, on ne reprend pas en septembre.

J'étais sidéré. La sentence était tombée sans raison, malgré l'enthousiasme du public, les lettres de fans, l'audience au beau fixe, le soutien des invités les plus prestigieux. Pour autant, je n'étais pas catastrophé – car, de toute évidence, la chaîne avait d'autres projets pour moi –, mais déçu.

Ma première déception à TF1.

Déjà un sentiment d'impuissance face au système.

Car je ne comprenais pas ce qui arrivait. Pourquoi arrêter une émission qui marche ?

Lela a essayé d'obtenir des explications, mais sans succès. J'ai moi-même appelé Étienne Mougeotte, et il ne m'a jamais rappelé.

Un jour, n'y tenant plus et vexé de cette indifférence, j'ai dit à sa secrétaire :

— Demandez-lui seulement pourquoi l'émission s'est arrêtée.

Je n'ai pas obtenu plus de réponses.

Lorsque j'ai fini par le croiser par hasard, là encore je n'ai pas reçu la moindre explication. Il s'est contenté de me dire :

— Tout va bien pour toi, tu as d'autres émissions.

On nous a supprimés et on ne nous a pas remplacés : en septembre, dans la grille de TF1, le samedi après-midi, il n'y avait plus qu'une succession de séries, sans présentateur, comme aujourd'hui le dimanche.

*

Avec Lela Milcic, nous avons connu d'autres aventures communes comme *Crise de rire*, une émission de sketches que j'ai coprésentée avec Didier Gustin, Yves Lecoq et Élie Kakou, mais aussi *Retiens l'année*, dont le principe consistait à revenir sur les grands moments d'un millésime.

Quand Lela a lancé *Succès fous*, elle voulait que je participe à l'aventure, mais la chaîne m'a retoqué, ayant trouvé que j'étais suffisamment occupé. Philippe Risoli, Patrick Roy et Christian Morin, trois animateurs de jeux qui ne demandaient qu'à faire autre chose, ont donc été engagés : du coup, cela faisait trois heureux. Dommage, c'est un programme auquel j'aurais aimé participer.

Je ne suis pas du genre à regarder vers le passé, mais je pense toujours à *La une est à vous* avec un soupçon de nostalgie.

Et, aujourd'hui encore, cette émission reste mon meilleur souvenir de télévision.

Chapitre 25

Chantal Nobel reloaded

À l'époque de *La une est à vous*, j'avais la carte, comme on dit. Comprenez par là que j'étais bien vu. J'étais considéré comme l'une des valeurs montantes de la chaîne.

J'en ai eu la preuve lorsqu'il a fallu trouver un animateur pour la soirée célébrant le grand retour médiatique de Chantal Nobel. Actrice propulsée star par *Châteauvallon*, une série qui se voulait un *Dallas* à la française, elle avait eu, en avril 1985, un accident de voiture en allant participer à une course automobile sur le circuit de Magny-Cours avec Sacha Distel.

Elle était restée plusieurs jours entre la vie et la mort, et la France s'était passionnée pour sa convalescence. Mais, deux ans après, on ne l'avait toujours pas revue en public. Quel était son état de santé ?

Patrick Sabatier rêvait d'animer cette soirée. C'était en effet un bon coup avec audimat assuré. Mais son nom a finalement été rayé de la liste par l'entourage de l'actrice : trop connu. D'après eux, il aurait vampirisé l'émission et fait de l'ombre à celle qui devait être la vraie star du programme.

Pourquoi pas Montiel ? Pour moi, c'était une sorte de consécration. Vu le cadeau qu'on me faisait, je n'allais pas faire la forte tête. Sous-entendu : on ferait de moi ce qu'on voudrait.

C'est ce qu'on a fait.

Je n'ai en effet jamais été autant manipulé et n'ai jamais vu émission aussi pipeautée.

Les questions et les réponses n'étaient en rien le fruit d'un échange authentique, puisque notre dialogue avait été écrit à la virgule près par un auteur, William Abitbol, devenu quelques années plus tard la plume et l'un des conseillers de Charles Pasqua. Chaque mot avait été visé par un avocat. Il est vrai que nous nous livrions à un exercice pour le moins délicat : il s'agissait de faire croire au public que Chantal Nobel était parfaitement rétablie, sans pour autant mettre en péril ses négociations avec les assurances qui devaient statuer sur ses séquelles et donc fixer le montant des indemnités. Beaucoup d'argent était en jeu.

Pour ne rien arranger, notre spéciale était coproduite par Jean-Louis Jullian, son propre mari. Il n'avait qu'une idée en tête : prouver que sa femme l'avait toujours aimé, malgré les rumeurs véhiculées par certains journaux qui avaient spéculé sur leur éventuelle séparation.

Dans l'accident, la mémoire de Chantal Nobel s'était effacée. Jean-Louis Jullian racontait partout qu'il l'avait rechargée. Chantal *reloaded*... Quant à Sacha Distel, il n'y faisait plus qu'une rapide apparition dans le rôle d'un chauffard. Ce qui nous a valu cet étonnant dialogue :

— En voulez-vous à Sacha Distel ?

— Il n'y a qu'une chose à dire, c'est qu'à cause de ce monsieur je ne reconduirai plus jamais.

Et elle avait déchiré son permis de conduire.

Le problème, c'est qu'il avait fallu plusieurs permis de conduire car la prise n'avait pas été bonne...

Depuis son accident, Chantal Nobel avait aussi des problèmes d'attention. De nombreuses séquences ont dû ainsi être retournées : je me souviens, par exemple, de lui avoir posé une dizaine de fois la question : « Qu'est-ce qui motivait, chaque année, votre participation au Paris-Dakar ? » L'interview a en fait été enregistrée réponse par réponse : malgré quelques flashs de lucidité, la comédienne semblait ailleurs.

En coulisses, les invités patientaient de leur côté tant bien que mal. Charles Aznavour a toutefois failli partir au bout de quatre heures d'attente. Au total, il a fallu trois jours pour mettre en boîte l'émission.

Dans la foulée, on annonça qu'elle allait tourner

une suite à *Châteauvallon*. Le projet est bien évidemment resté sans suite : la carrière de Chantal Nobel s'est arrêtée là.

Depuis, elle vit dans sa maison de Saint-Tropez, bronzée et couverte de bijoux.

Heureuse avec sa nouvelle mémoire, en tout cas je le lui souhaite.

*

En plus d'être sous contrôle, l'émission s'était déroulée sous haute tension. *Paris-Match* ayant négocié une coûteuse exclu photo, je n'avais pas le droit de parler à la presse, et nous étions protégés par des gardes du corps afin d'éviter la moindre fuite ou intrusion de paparazzi.

Guy Job, le producteur-réalisateur, avait bien verrouillé son affaire. Pas étonnant : ce grand professionnel de la télévision est un malin – un peu trop malin, d'ailleurs, comme allait le prouver notre seconde collaboration.

Depuis quelques années, il signait au moment des fêtes de fin d'année une émission sur les folles nuits du Crazy Horse. Jusque-là, c'était un simple enregistrement du spectacle imaginé par Alain Bernardin. Mais, cette année-là, TF1 souhaitait la présence d'un animateur pour faire le lien entre les séquences et pour réaliser des interviews de fans de l'esprit Crazy, comme le sculpteur César, la créatrice de mode Chantal Thomas ou l'écrivain espagnol José Luis de Villalonga. On convint d'un cachet de 50 000 francs pour une quinzaine de jours de travail.

L'émission passe, l'audience est au rendez-vous, mais je ne reçois toujours pas de chèque.

Étonné, j'appelle Guy Job.

— C'est TF1 qui doit te payer. Ils ont voulu que tu présentes l'émission, c'est à eux de te régler.

J'appelle alors les services financiers de TF1.

— On lui a donné une enveloppe globale, c'est à lui de te payer.

Aucun des deux n'a cédé.

Et je n'ai jamais été payé.

Mon cachet s'est donc réduit à quelques bonnes bouffes dans les meilleurs restaurants parisiens. Guy Job est un bon vivant qui ne rechigne pas à inviter ses collaborateurs. Disons que c'est sa principale qualité...

Chapitre 26

Mauvaise surprise... sur prise

Depuis plusieurs années, Marcel Béliveau faisait le bonheur de TF1. Il avait importé du Québec une émission dont le concept était aussi simple que réjouissant : il s'agissait de piéger une personnalité du cinéma, de la musique, de la télévision ou du sport. Et, au moment le plus critique, Marcel Béliveau apparaissait et annonçait, la moustache frétillante d'avoir joué un bon tour : « Surprise sur prise ». Bref, c'était notre bonne vieille *La Caméra invisible* adaptée aux stars.

Pour coanimer l'émission, TF1 avait choisi Patrick Sébastien. Mais, au bout de quelques mois, l'imitateur avait jeté l'éponge.

— Il est tellement odieux que j'ai failli en venir aux mains avec lui, me révélera-t-il quelque temps plus tard en parlant de l'amuseur canadien.

*

Évidemment, je n'en savais rien quand TF1, cherchant un remplaçant, a pensé à moi. J'aurais pu m'étonner que Patrick Sébastien abandonne un navire aussi performant, mais je ne me suis pas méfié. Au contraire, j'étais aux anges : une telle opportunité ne se refuse pas.

Et puis, je me retrouvais, en partie, en pays de connaissance. La productrice de l'émission n'était autre qu'Ève-Marie Cauchois que j'avais connue comme productrice déléguée sur *Télé-Connexion*. Elle m'avait d'ailleurs demandé de l'aider à piéger Liane Foly et Jean-Edern Hallier, ce que j'avais aussitôt accepté.

Avec Liane Foly, nous étions censés représenter la France dans un jeu de TV5 regroupant des candidats issus de toute la francophonie. Mais rien ne fonctionnait comme prévu : on accumulait les pannes techniques. Avec un professionnalisme impressionnant pour une artiste qui n'en était alors qu'à ses débuts, Liane ne se laissait pas démonter par les événements. À la fin, après avoir découvert que ma braguette était grande ouverte, elle multipliait les gestes dès que la caméra n'était pas sur nous pour me montrer que quelque chose n'allait pas. N'empêche, elle n'avait pas perdu son calme.

Une autre fois, j'avais aidé à piéger Jean-Edern Hallier, toujours en interprétant un animateur de jeu pour TV5. Le candidat, togolais, répondait correctement aux questions les plus saugrenues, style « Quelle est la distance exacte entre Paris et Marseille ? », devant un Jean-Edern Hallier qui restait muet. De plus, le candidat africain ponctuait chacune de ses réponses d'un « chef » ou d'un « patron » dont les relents coloniaux mettaient tout le monde mal à l'aise. L'écrivain avait failli exploser, mais Marcel Béliveau arriva à temps pour lui expliquer qu'il s'agissait d'un canular...

J'avais bien ri et je pensais bien rire.

Erreur !

*

Dès le premier enregistrement, j'ai compris qu'il s'agirait d'un cauchemar.

Tout le monde, techniciens et invités, était sur le pied de guerre à 14 heures, mais pas le principal intéressé. Béliveau était aux abonnés absents. Une heure passe : toujours pas de Béliveau. Une heure et demie : même chose. À l'époque, comme il n'y avait pas de téléphone portable, impossible de le joindre. Il n'est arrivé qu'à 16 heures, puis a disparu pendant une heure pour s'habiller et se faire maquiller. Nous avons donc commencé avec trois heures de retard, mais il ne s'est même pas excusé, ni auprès des invités ni auprès de moi.

Sans commentaires.

En fait, il voulait marquer le coup. Depuis toujours, il rêvait de présenter seul l'émission et ne supportait pas que la chaîne l'oblige à partager la vedette avec un autre animateur. Son attitude infantile était celle d'un gamin qui croyait que j'allais lui voler son jouet.

Dès lors, nous ne nous sommes plus adressé la parole hors plateau. Durant l'enregistrement, il me balançait des vacheries ou m'interrompait à tort et à travers. Grâce à la magie du montage, les téléspectateurs n'y voyaient que du feu, n'empêche, c'était affligeant.

Au bout de quelques numéros, j'ai préféré renoncer. Pour animer une émission de divertissement, il faut être souriant, avenant, en forme. Je n'avais aucune envie de travailler dans une atmosphère électrique faite de stress et de conflits.

*

Avec mon départ, Marcel Béliveau espérait être enfin débarrassé d'un coprésentateur. Pour TF1, c'était hors de question. La chaîne lui a alors proposé une femme : Alexandra Bronkers. Elle aussi a souffert...

Quelques mois plus tard, il est passé sur France 2. Cette fois, il a obtenu gain de cause : personne à ses côtés. Il a coulé avec l'émission...

Entre-temps, la crédibilité de *Surprise sur prise* avait été battue en brèche. On commençait à dire que les sketches étaient plus ou moins truqués. Michel Sardou s'était retrouvé coincé dans un ascenseur avec un gamin surdoué qui le harcelait de questions. Loin de bougonner et de montrer le moindre signe d'agacement, il avait au contraire pris la situation avec un humour et une décontraction qu'on ne lui soupçonnait pas. Avait-il joué le jeu car il avait compris qu'il était en train de se faire piéger ? Ou avait-il, dès le départ, été mis au courant ?

Cela n'a plus d'importance aujourd'hui...

Chapitre 27

Alain Delon en pointillé

Je suis d'un naturel optimiste. Dans le négatif, je cherche toujours le positif. C'est ma devise. De ma pénible collaboration avec Marcel Béliveau, je préfère donc ne garder qu'un souvenir : c'est lui qui m'a permis, de manière indirecte, de rencontrer Alain Delon.

⋆

Pour mes débuts de coanimateur de *Surprise sur prise*, nous avions réalisé un reportage photo à Montréal, sur les flancs du mont Royal. Pour l'occasion, j'avais revêtu le costume traditionnel de la police montée canadienne.

Or le sujet est paru le samedi en couverture de *TV Magazine*, et, le lundi suivant, je présentais, au Fouquet's, le prix Romy Schneider-Jean Gabin qui récompense les meilleurs jeunes espoirs masculin et féminin de l'année. Cette année-là, Alain Delon s'était engagé à jouer les parrains. Pour nous, c'était une forme de consécration vu les rapports privilégiés qu'il avait eus avec ses partenaires de *La Piscine* et de *Mélodie en sous-sol.*

En arrivant, Alain Delon se faufila au milieu des photographes, et le mythe s'arrêta net devant moi :

— Très bien, la photo, ce week-end.

J'étais scié. Scotché. Quelques instants plus tard, au moment de la remise des prix, j'ai eu la surprise de le voir m'attraper par l'épaule, comme si nous nous connaissions depuis des années.

Arriva le temps des traditionnelles photos : je le laissai en compagnie des lauréats et m'éclipsai pour discuter avec d'autres invités, en retrait du somptueux buffet préparé pour l'occasion. C'est alors qu'il s'approcha de moi et me lança :

— Vous ne mangez pas, vous non plus ?

— Non, je ne grignote jamais entre les repas. Ma mère m'a éduqué comme ça. En tout cas, merci, vous avez été très gentil avec moi, tout à l'heure...

— Mais Alain Delon est très gentil, qu'est-ce que vous croyez, me répondit-il avec cet humour sur lui-même qui le caractérise quand il est en forme, car il n'aime rien tant que s'amuser de son image et des réactions qu'il suscite.

À peine trois minutes plus tard, il me coupa :

— Tu viens bouffer avec moi ?

Nous avons laissé en plan tous les invités et filé à la Brasserie de l'Alma, l'une des cantines du show-biz, où nous nous sommes raconté nos vies respectives. On a déliré sur tout et n'importe quoi. J'avais l'impression d'être dans un film dont je serais à la fois l'acteur et le spectateur : « Rocco, Borsalino et les autres dînent avec Montiel ». En sortant, il demanda à son chauffeur, Zino, de me déposer chez moi. Le film continuait : nous étions « deux hommes dans la ville ».

*

Du *Samouraï* à *Flic Story*, j'ai grandi avec les films d'Alain Delon. C'était la star de mon adolescence. D'une certaine manière, il faisait déjà partie de mon histoire. Ce jour-là, il est entré dans ma vie, et je n'en reviens toujours pas.

Je me souviens d'un jour où nous dînions ensemble. Deux tables à côté, Pierre Palmade était, lui, avec Jacqueline Maillan, son idole, pour qui il venait d'écrire un spectacle.

À un moment, nous avons échangé un clin d'œil. Une marque de connivence pour exprimer notre fierté : on s'était bien débrouillés pour deux Bordelais montés à l'assaut de Paris sans connaître personne...

*

L'homme Delon est profondément attachant. Il séduit qui il veut, n'ayant pas son pareil pour mettre dans sa poche les gens les plus réticents, mais on peut se brûler les ailes à ses côtés.

Du jour au lendemain, il peut disparaître.

Quand il est blessé, il reste dans son coin, mais, dès qu'il se remet, il part reconquérir le monde.

Parfois, il va jusqu'à chercher un prétexte pour se fâcher avec vous. Il largue les amarres, un mois, six mois, un an, comme s'il prenait la fuite. Quand vous le retrouvez, il fait comme si rien ne s'était passé. Si vous avez le malheur de lui faire le moindre reproche, il s'éloigne de nouveau. Avec lui, impossible d'avoir le dernier mot.

Il est comme ça. Il faut le prendre comme il est, même si cela fait souffrir. Il est comme un tigre qui redoute les colliers de toutes sortes.

*

Avec lui, il faut accepter une relation en pointillé.

Ainsi, il est venu chez moi au Pyla. Il a débarqué avec sa Ferrari, qu'il conduisait pieds nus, et a passé sa journée à jouer avec mon chien Farouk autour de la piscine, ne voulant voir personne. Et le soir il m'a lancé :

— Tu ne vas quand même pas me séquestrer ici. Je n'ai tué personne.

On est allé dans un petit restaurant de surfeurs, en rondins de bois, style cabane au Canada, au bord de la plage. On a dégusté des grillades, parlé jusque tard dans la nuit – tout l'intéresse, il est toujours au courant de tout. Il semblait apaisé.

Le lendemain, je l'ai retrouvé plus facétieux que jamais. Chaque fois que le téléphone sonnait, il décrochait et prenait une voix différente. Une fois, il se faisait passer pour le domestique espagnol, une autre pour le maître d'hôtel anglais. À un moment, ma mère a appelé. Avec elle, il a joué au jardinier portugais.

— Monsieur Montiel est parti faire les courses...

Elle s'est fait avoir puisque, quelques jours plus tard, elle m'a dit :

— Tu as un jardinier maintenant ? Il y a un Portugais qui m'a répondu, d'ailleurs il ne comprenait rien à l'espagnol...

Lui en a tiré cette conclusion, savoureuse quand on connaît sa carrière prestigieuse :

— Tu vois que je suis bon comédien !

*

Après le chaud, j'ai connu le froid, puis le chaud, et encore le froid.

En juin 2002, Alain Juppé m'avait demandé d'inviter quelques stars à la Fête du vin de Bordeaux organisée par la mairie et l'office du tourisme. Alain Delon est venu et m'a rappelé le lendemain pour me dire le plaisir qu'il avait eu d'être parmi nous. Mais, depuis, silence radio. Ce qui a occasionné une scène pour le moins décalée, six mois plus tard, lors d'une remise de médaille à Claudia Cardinale, sa partenaire du *Guépard* que j'aime comparer à un ange tant elle ignore l'agressivité et la méchanceté.

C'était à l'ambassade d'Italie. Au moment où j'arrive, il discute avec Jean-Jacques Aillagon, le ministre de la Culture. Étant sans nouvelle de lui, je reste en retrait. Quand il me remarque, il s'approche de moi, suivi par le ministre.

— Ce soir, M. Montiel ne me salue pas ?

Je décide de le prendre sur le ton de l'humour et m'adresse à Jean-Jacques Aillagon.

— Je serais ravi que vous me présentiez votre voisin. Je ne sais pas qui il est.

Ne sachant pas sur quel pied danser, d'abord embarrassé, mais finalement amusé, le ministre avance :

— Je vous présente M. Delon.

— M. Delon ? Ah bon ? Moi qui ai toujours rêvé de le rencontrer.

Alain, qui adore ce genre de situation, entre alors dans le dialogue.

— Je vois que ce soir M. Montiel a de l'humour...

Nous nous sommes embrassés et, en une fraction de seconde, nous avons retrouvé notre intimité. Mais, depuis, plus le moindre coup de fil.

Le « félin » s'est de nouveau échappé.

Chapitre 28

Mireille Darc

Le plus beau cadeau que m'ait fait Alain Delon, c'est Mireille Darc.

Un jour, alors que je cherchais une destination pour aller passer quelques jours de vacances avec des amis, il me dit :

— Va chez moi à Marrakech.

À l'époque où il vivait avec Mireille Darc, il avait été l'un des premiers à acheter une maison là-bas. Depuis sa rencontre avec Rosalie, il avait toutefois tiré un trait sur la ville rose. Il n'y était jamais retourné, mais ils avaient gardé cette demeure en commun.

— Appelle Mimi, elle sera d'accord.

Il me donna son numéro, et je lui passai un coup de fil. Un peu gêné de devoir régler un problème touristico-immobilier avec une star comme elle, je lui dis :

— Est-ce que M. Delon vous a appelée ?

— Mais oui... Vous êtes le bienvenu. Les amis d'Alain sont mes amis. Vous êtes comme chez vous. M. Ouazani, le maître d'hôtel, va vous recevoir. Prenez ma chambre. Il n'y a qu'une pièce où personne ne dort, c'est la chambre de M. Delon.

Je le rappelle illico.

— Dis donc, ta chambre, il paraît que c'est un musée.

— Tu peux rentrer, mais je ne veux pas qu'on dorme dans mon lit !

Leur maison a été rachetée il y a quelques années par Bernard-Henri Lévy et Arielle Dombasle. Alain et Mireille ont tout laissé, les meubles, les livres, les souvenirs, comme une page qu'ils tournaient.

*

C'était une sorte de jardin d'Éden : plusieurs ryads réunis, dont un ancien harem de femmes, avec des jardins d'orangers, des fontaines, une piscine. M. Ouazani servait en gants blancs. Un véritable palais, une incitation au rêve, à la méditation, à la spiritualité. Une initiation aux mystères de l'Orient.

Quand je suis rentré, j'ai fait envoyer des fleurs à Mireille. Elle m'a aussitôt appelé pour me remercier.

— L'essentiel, c'est que vous ayez été heureux là-bas. Vous êtes-vous senti bien ?

Mireille a le sens de l'hospitalité. Chez elle, c'est plus qu'un art de vivre, une véritable philosophie. Cuisinière hors pair – peut-être la meilleure que je connaisse –, elle fait un couscous délicieux, à faire pâlir de jalousie ma mère. J'ai souvent eu la chance d'y goûter car, au fil des ans, elle est devenue l'une de mes amies les plus proches.

*

Quelques semaines après mon séjour à Marrakech, je décide de l'inviter dans l'émission que j'anime tous les jeudis sur Wit FM, une nouvelle station de radio bordelaise.

Intimidé à l'idée de lui demander quoi que ce soit, je passe par son agent Guy Bonnet. L'un des principes de l'émission était que je réservais une surprise par téléphone à mes invités. Et Alain Delon avait accepté de l'appeler en direct. Elle a pleuré. Embarrassant : je ne savais pas si je lui avais fait plaisir ou si je lui avais fait de la peine, ce qui était la dernière chose que je souhaitais. En fait, elle était très satisfaite de l'émission, et nous nous sommes vus et revus.

On a même passé notre réveillon de Noël 2002 ensemble, à New York, avec son mari, Pascal Desprez, architecte, l'un des hommes les plus délicieux que je connaisse.

Tous deux forment un couple parfait, ils partagent le même goût du bonheur et de l'amitié. Leur appartement, spacieux, clair et élégant, est un havre de sérénité : dès qu'on y pénètre, on oublie ses murailles, parce qu'on sait qu'on n'en aura pas besoin. On est juste soi-même – enfin.

*

Femme sensible, bienveillante, délicate, attentionnée, à qui on ne peut rien cacher, Mireille a un côté chat sauvage : elle est assez difficile d'accès. Mais il s'est créé entre nous quelque chose d'assez exceptionnel.

Je fais toujours en sorte de lui montrer la meilleure façade possible, mais elle n'est jamais dupe. On ne peut la tromper : elle devine tout. Elle me « renifle », comme elle dit.

Elle connaît tous mes doutes, toutes mes blessures, tous mes secrets. J'aime son côté protecteur : il réveille l'enfant qui est en moi. Si son côté miel l'emporte, elle n'hésite pas à me remuer, à me bousculer, mais c'est toujours pour mon bien.

De ma vie, je n'ai jamais rencontré femme de cette qualité. Un bijou.

Chapitre 29

Initiation à Saint-Tropez

Au printemps 1994, Jean de Colmont, patron de plusieurs hauts lieux tropéziens et de Radio Saint-Tropez, me propose d'animer *Le Club des stars*, une émission jusque-là présentée par Patrice Laffont. J'accepte, à condition que le programme soit diffusé en direct de la place des Lices, en fin d'après-midi, à l'heure du pastis.

Avec un brin d'opportunisme, je me disais que cette émission pouvait m'ouvrir d'autres portes : après tout, la plupart des dirigeants du PAF ne viennent-ils pas, au moins quelques jours, dans le petit port varois ?

De toute manière, passer deux mois à Saint-Tropez, tous frais payés avec pour seule obligation celle de recevoir des stars, ça ne se refuse pas.

*

Surtout que, Saint-Tropez, je connaissais bien. C'est même l'un des premiers endroits que j'ai connus. Bien avant ma rencontre avec Marisa Berenson.

J'avais vingt ans et des poussières quand Daniel Faret et Fabienne Labeyrie, l'une des héritières des foies gras du même nom, deux de mes meilleurs amis bordelais, m'ont fait découvrir la cité du bailli de Suffren. Autrement dit, un autre monde. La capitale de l'aisance, de l'insouciance, de l'élégance, de la fête non-stop. Ici, tout semblait possible.

Tout le contraire de Bordeaux !

Un jour, Michel Bordan, mon ami de Bordeaux, me proposa de l'accompagner déjeuner chez Georges Barry, l'antiquaire à la mode de Saint-Tropez. Nous arrivâmes dans sa maison sublime, sur la route des plages, et il nous reçut au milieu d'objets d'art somptueux. Nous étions une dizaine, et on me plaça à côté d'une femme blonde, chiquissime, la cinquantaine – mais je ne connaîtrai jamais son âge –, avec un fort accent allemand : la baronne Jacqueline de Goldsmith-Rothschild.

Jaquotte, comme l'appelait le maître de maison, et comme je l'appellerai jusqu'à sa mort en décembre 2002.

D'emblée je lui demandai :

— D'où venez-vous ?

— De Bâle. Ce trou de Bâle...

Je ne savais pas encore que c'était sa plaisanterie favorite, mais je fus sidéré par son audace. Gonflée, la baronne. Ne voyant pas les artistos comme ça, je fus fasciné par sa manière de conjuguer insolence et élégance, provoc et classe naturelle.

Durant tout le déjeuner, elle ne cessa d'ailleurs pas de me raconter des histoires invraisemblables. Un vrai coup de foudre amical.

★

À Saint-Tropez, on passe d'une villa à l'autre, d'un déjeuner à une soirée, c'est la ronde des invitations.

Le lendemain, nous revoilà donc chez Georges Barry pour un grand dîner de gala réunissant des notables locaux, comme le maire, mais aussi de nombreuses célébrités comme Gunther Sachs et sa dernière conquête, Roger Vadim et Catherine Schneider, Just Jaeckin, Odette Joyeux et bien d'autres.

Ne connaissant personne, sauf la baronne, je ne la quittais pas un instant. Tout le monde venait la saluer. Figure de la *jet-set* internationale – elle parlait aussi bien français qu'anglais, allemand et espagnol –, elle était comme chez elle à Saint-Tropez. Mariée à un homme plus âgé, elle possédait une maison de pêcheurs à plusieurs étages sur le port. Elle était amie avec Juliette Gréco comme avec Brigitte Bardot. Sur un coup de cœur, elle avait même produit le premier album des Gipsy Kings, qui s'appelaient encore Los Reyes. Quand elle parlait de Chico et Nicolas, elle disait « mes enfants ».

*

Comme tous les gens de qualité, elle n'était évidemment jamais dupe de la flagornerie.

— Regarde ce lèche-cul, il va se précipiter.

Et bien sûr il se précipitait.

J'ai toujours aimé les gens qui se moquent de leur statut et jouent de leur image. Elle en faisait partie :

— Quand je dis que je suis la baronne, les yeux s'illuminent, lorsque je précise que je m'appelle Goldsmith, c'est à peine s'ils ne commencent pas à me tourner le dos, mais quand j'ajoute Rothschild, alors, là, ils se mettent à genoux.

*

Malgré le faste de la réception, malgré la qualité des invités, il manquait la petite étincelle qui enflamme une soirée.

On s'ennuyait.

Soudain, elle me lança :

— Qu'est-ce qu'on pourrait faire pour emmerder toutes ces vieilles endimanchées ? Soit on fait une connerie, soit on s'en va...

Devant ma perplexité – quand on commence à vous accueillir dans le beau monde, vous pensez à tout, sauf à risquer la disqualification à vie –, elle ajouta :

— Ça y est, j'ai trouvé. Suis-moi.

Direction les cuisines.

— Est-ce que vous auriez de la confiture ?

— Bien sûr, madame la baronne. Abricot, fraise, framboise ou myrtille ?

— Myrtille, j'adore. Vous avez une cuiller, s'il vous plaît ?

Elle retourna au jardin et, dans la chaleur d'une nuit d'été, badigeonna discrètement la margelle d'une fontaine dans la pénombre. Je n'arrivais pas à croire ce que je voyais. Mon côté farceur était enthousiaste à l'idée de faire une bonne blague, mais j'étais catastrophé en songeant que nous pourrions nous faire surprendre.

— Ne faites pas ça, c'est horrible. Dommage pour ces belles robes !

Elle me fit asseoir sur un banc, situé juste en face. Des invités s'approchaient, puis s'éloignaient, frôlant sans le savoir la catastrophe. De mon côté, j'étais persuadé qu'au dernier moment elle allait se lever et leur dire qu'ils risquaient de se tacher. Mais, non. Et quand Odette Joyeux, la maman de Claude Brasseur, vêtue d'un tailleur pantalon, survint avec une amie, elle les laissa s'asseoir sans broncher...

Pour lier une complicité, rien ne vaut donc la

confiture de myrtilles. Et, comme il se doit, avec Jaquotte nous ne sous sommes plus quittés de l'été.

*

Dans la journée, on courait les antiquaires ou on allait bronzer. Pas sur les plages chics et ruineuses, comme on en trouve à Saint-Tropez, mais sur les plages publiques, comme celle des Canebiers. Pas snob pour un sou, Jaquotte arrivait avec un panier en osier et sa serviette Hermès, un contraste qui à lui seul la résumait.

Le soir, elle m'emmenait dans les plus belles soirées, les plus sélectes et les plus fastueuses. C'est grâce à elle que j'ai assisté pour la première fois à la « Nuit blanche » d'Eddie Barclay, qui était alors la fête la plus courue de l'été. Il fallait en être, car, si vous n'étiez pas invité, c'est que vous n'étiez personne. Ou presque...

*

Jaquotte m'a pris sous sa coupe comme un fils adoptif.

Elle a façonné le garçon brut de décoffrage que j'étais, entamant une éducation que Marisa Berenson a par la suite parachevée. Une vraie initiatrice.

C'est elle qui m'a appris le B.A.-BA de l'élégance et du savoir-vivre. Toujours mettre une veste foncée après 19 heures – les vestes claires, c'est pour les vieux, disait-elle. Proscrire les chaussures blanches – toujours pour les vieux. Rien ne vaut une paire de Tod's, pieds nus. Elle faisait toujours attention à mes chaussettes ; pour elle, c'était la faute de goût qui ne pardonne pas.

— Tu coordonnes toujours avec la tonalité du pantalon, noir, gris ou marron, jamais d'autres couleurs. Tes chaussettes blanches, tu les oublies. Tu les donnes à Emmaüs.

Elle m'a également appris à saluer les femmes dans le beau monde. Nous avons même fait des répétitions de baisemain.

— Rentre dans la pièce et fais comme si tu rencontrais la baronne de Rothschild.

J'arrivais et disais aussi gauchement que timidement :

— Bonjour, madame la baronne.

— Non, ne dis pas ça. Je le sais, que je suis baronne. Prends l'air assuré, comme quelqu'un qui a l'habitude du Gotha et des stars. Garde le regard droit. Prends ma main, fermement, mais délicatement. Soulève un peu ma main, mais pas trop, c'est surtout à toi de te pencher. Et surtout ne bave pas – même si la fille te plaît. Il y a assez de vieux qui te bavouillent dessus. Et ne touche pas le dos de ma main avec ton gros nez.

Et elle ajoutait de manière plus générale :

— Surtout pas de baisemain à l'extérieur, dans un lieu public comme un vernissage, ou en plein air dans un jardin. Il n'y a rien de plus plouc. Le baisemain, c'est toujours dans une maison.

Depuis, les rares fois où je dois faire le baisemain à une femme, je pense à Jaquotte.

*

Pris dans le tourbillon des nuits courtes, j'avais passé un été fascinant et grisant. Durant l'hiver qui a suivi, nous nous sommes souvent appelés, Jaquotte et moi, et, l'été suivant, c'est tout naturellement que nous nous sommes retrouvés à Saint-Tropez.

Lorsque j'ai appris que des rumeurs commençaient à circuler à notre sujet, je lui en ai fait part. Elle les a aussitôt balayées d'un revers de la main.

— Peu importe. De toute façon, avec la gueule que tu as, tu susciteras toujours la jalousie. Ce sera le plus grand danger de ta vie. Il faut que tu dépasses cela...

Je n'ai pas toutes les qualités du monde, il s'en faut, mais, s'il y a un défaut que je n'ai pas, c'est bien la jalousie. Peut-être parce que la vie m'a beaucoup donné. Voir quelqu'un réussir me remplit toujours de bonheur. Je pars du principe que, lorsque quelqu'un atteint ses rêves, c'est qu'il l'a mérité. Et qu'il a su saisir sa chance : il faut être audacieux, dans la vie. Quand on ose, et je suis bien placé pour en parler car j'ai moi-même osé envoyer balader certaines situations confortables, comme clerc d'huissier ou comme notable bordelais, on risque d'en prendre plein la tête, mais, à l'arrivée, on a forcément plus.

En revanche, la prédiction de Jaquotte s'est réalisée : on m'a beaucoup jalousé. Sans doute parce que j'avais l'air heureux.

Il ne fait pas toujours bon avoir l'air heureux...

*

À la fin de notre deuxième été tropézien, Jaquotte m'a invité à dîner au Mouscardin, un restaurant sur le port. Une fois de plus, nous avons beaucoup ri, mais, à la fin du repas, elle s'est mise à fixer mon bras gauche avant de me lâcher :

— Franchement, cette fausse Rolex, ce n'est pas possible...

Très fier de cette imitation, avec une certaine naïveté, j'étais absolument persuadé que personne ne pouvait distinguer qu'il s'agissait d'une copie. D'ailleurs, personne n'avait jamais osé remettre en question son authenticité.

— Donne-la-moi !

Elle la prit et la jeta nonchalamment à l'eau.

Je ne pouvais qu'éclater de rire, mais, au fond de moi, j'étais furieux.

— Évite le toc. J'ai beaucoup mieux pour toi, me dit-elle.

Et elle sortit de son sac un paquet où, après avoir défait l'emballage, je découvris le logo Rolex.

Une vraie.

Le plus beau cadeau que l'on m'ait jamais fait.

Durant mon enfance, nous avions l'impression d'être gâtés à Noël. Pourtant, quand je retrouvais mes copains après les vacances, j'avais toujours le sentiment qu'ils avaient eu plus de choses. Alors j'en rajoutais. Pour ne pas être pris en pitié.

Aujourd'hui, que voulez-vous qu'on m'offre ?

On m'a offert beaucoup d'amitié et beaucoup d'amour, et c'est déjà énorme.

La Rolex de Jaquotte fut bien plus qu'un simple présent. C'était un code d'accès à la tribu. Un signe de reconnaissance universel.

*

Après avoir guidé mes premiers pas dans Saint-Tropez, Jaquotte m'avait dit :

— Bientôt, c'est toi qui recevras les invitations.

Elle avait eu le nez fin : quelques années plus tard, devenu animateur à TF1, on m'invita partout. La première fois où je lui ai demandé de m'accompagner, nous étions aussi fiers l'un que l'autre, même si les raisons étaient différentes.

J'étais heureux de lui montrer que ses leçons avaient porté leurs fruits, elle était ravie que son poulain soit désormais convié pour lui-même et non plus pour jouer les chevaliers servants.

Chapitre 30

L'invitation faite à Johnny

Le parrain de mon émission sur Radio Saint-Tropez s'appelait tout simplement Johnny Hallyday.

Il était venu le premier jour et, chaque fois que je recevais une personnalité qui l'intéressait, il n'hésitait pas à pointer une tête, ce qui « allumait le feu » à la place des Lices, mais je ne demandais pas mieux.

★

Je l'avais rencontré quelques mois plus tôt par l'intermédiaire d'Adeline, qui était alors sa femme.

À l'époque, Johnny était beaucoup plus présent à Saint-Tropez qu'aujourd'hui. Il venait de faire construire La Lorada à Ramatuelle, une délirante villa d'inspiration tex-mex qui rassemblait, à une heure d'avion de Paris, tous ses rêves d'Amérique avec ses cactus et ses allures de ranch.

Ma plus grande surprise, la première fois que j'ai été invité chez lui, fut d'être reçu par des serveurs en habit. Rien à voir avec l'image que je pouvais me faire d'un rocker. Je ne l'imaginais pas entouré de la sorte.

Mais, si embourgeoisé qu'il puisse être, Johnny a gardé un sens authentique de l'amitié et une générosité sans faille. Vous lui dites que son blouson vous plaît, il est du genre à vous l'offrir aussitôt.

*

Avec lui, impossible de payer quoi que ce soit.

Au milieu de l'été, gêné d'être tout le temps invité, je lui dis :

— Tu paies tout le temps, c'est adorable, mais c'est pénible. Le prochain resto, c'est moi. Et tu invites qui tu veux.

Il commença par refuser puis me lança :

— La Maison du caviar a ouvert une succursale, allons-y.

Vu le nombre de fois où il m'avait reçu comme un roi, je lui devais bien cela, même si j'étais un peu inquiet de la facture finale...

Adeline étouffa un fou rire – ayant compris qu'il allait me tendre un piège.

— C'est plus simple d'y aller à moto, je passe te prendre demain soir vers 21 heures, me dit-il.

À l'heure dite, alors que les résidents de l'hôtel

dînaient paisiblement à la lumière des bougies autour de la piscine, un vrombissement de moteurs déchira la nuit.

Johnny et ses potes *bikers*.

Quatorze Harley Davidson.

Je me dis : ouh la la, j'en ai au moins pour vingt mille francs. Sans compter les vins. Mais, bon, je n'allais pas couper l'addition en deux sous prétexte qu'il était venu plus accompagné que prévu.

Grand seigneur, il me proposa de monter derrière lui. La place qui faisait rêver toute sa cour.

Au moment de passer la commande, tout le monde voulut du caviar. Évidemment. Le plus cher, forcément. N'avaient-ils pas l'habitude que Johnny paie ?

À la fin de la soirée, Johnny se tourna vers moi :

— Merci Bernard, ton invitation me touche beaucoup.

Adeline était de plus en plus hilare.

Je me levai pour aller régler avec ma carte de crédit quand le patron me dit :

— Non, je ne peux pas vous encaisser. Johnny m'a appelé cet après-midi pour me prévenir que la facture serait pour lui. Il a ajouté : si vous le laissez payer, je ne reviendrai jamais.

Grande classe, Johnny.

Mais, s'il me l'avait dit avant, j'aurais mieux apprécié mon caviar...

⋆

Après sa séparation d'avec Adeline, nous avons continué à nous voir, alors qu'il savait que j'étais resté proche d'elle.

Un hiver, alors qu'il venait de rencontrer Lætitia, nous nous sommes retrouvés à Miami. Son fils David était là, ainsi qu'Estelle et leurs enfants.

Johnny venait d'acheter au père de Lætitia, qui n'était pas encore son épouse, un nouveau yacht, somptueux comme de bien entendu. Fier comme un gamin de son nouveau jouet, il proposa :

— Allons voir Sardou. Il va être vert quand il verra mon bateau.

À l'époque, Michel Sardou, avec lequel il entretient une étrange relation mêlant amitié et rivalité mais surtout complicité, habitait à l'année à Miami. Sa villa donnait sur la mer, un ponton permettant d'amarrer les embarcations.

Quand nous sommes arrivés, Johnny l'a appelé. Babette, son épouse, est accourue vers nous. Elle a visité notre bateau, allant de compliment en compliment. Michel Sardou, lui, est apparu juste au moment où nous allions repartir. Il s'est contenté de rester sur le ponton pour nous faire quelques signes de la main.

Bref, il s'est dispensé de monter à bord afin d'éviter les félicitations d'usage.

Chapitre 31

Le choc des ragots

En deux étés, grâce au *Club des stars,* je suis devenu le roi de Saint-Tropez. Ou, du moins, j'ai failli le croire.

Car j'ai été broyé aussi vite que j'avais été élevé sur un piédestal.

⋆

Tout le monde voulait participer à l'émission. Les acteurs comme Jean Piat ou les chanteurs comme Serge Lama qui étaient de passage au festival de Ramatuelle dirigé par Jacqueline Franjou et Jean-Claude Brialy, mais aussi les stars en vacances comme Gunther Sachs, Juliette Gréco ou Patrick Sébastien. Alain Carignon, qui venait d'être mis en examen, m'avait fait des déclarations fracassantes reprises par tous les organes d'information. J'ai même eu le privilège d'accueillir Oprah Winfrey, la grande prêtresse américaine des talk-shows, l'animatrice télé la mieux payée du monde. La seule à avoir refusé mon invitation fut Barbra Streisand, venue à Saint-Tropez pour la nuit blanche d'Eddie Barclay.

Ma plus belle victoire reste d'avoir réussi à réunir Brigitte Bardot et Roger Vadim pour le quarantième anniversaire du tournage de *Et Dieu créa la femme.* Bardot s'était juré de ne plus lui adresser la parole depuis la publication de ses mémoires, *D'une étoile l'autre,* mais j'ai insisté. L'un comme l'autre doivent tout à Saint-Tropez, comme Saint-Tropez leur doit tout. Elle a finalement accepté de participer à cet hommage au cinéma La Renaissance, et son arrivée, pieds nus, dans une longue robe fine, a provoqué une véritable émeute. Durant l'émission, elle déclara qu'elle « ne reviendrait plus à Saint-Tropez » car elle était lasse du harcèlement des touristes prêts à tout pour rentrer chez elle. Elle n'avait gardé que de bons souvenirs du tournage du film. D'après ce que j'ai su, leurs retrouvailles se sont achevées par une réconciliation : Roger Vadim est ensuite allé dîner à La Madrague.

⋆

Le Club des stars accueillait tellement d'invités que toute la presse en parlait : malgré un accord privilégié avec le magazine *Gala*, qui publiait chaque semaine des photos de mes invités, les autres journaux, de *Télé 7 jours* au *Parisien*, n'hésitaient pas à évoquer mes émissions, photos à l'appui. Et, à Saint-Tropez, j'étais en affichette dans quasiment toutes les boutiques. On me voyait partout, j'avais donc toutes les raisons d'être satisfait.

Seule Caroline Barclay m'empoisonnait la vie. Elle aussi avait été engagée par *Gala* pour réaliser de grandes interviews. Quasiment tous les soirs, je la voyais débarquer place des Lices dans notre studio improvisé. Mon émission permettait évidemment de prendre contact avec des stars, quant aux vedettes qui logeaient chez Eddie elle se les gardait pour elle. Agacé, Jean-Marie Bigard avait fait ses valises et s'était payé une chambre au Byblos...

C'en était trop, je lui ai donc dit ma façon de penser.

Désormais, elle ne m'adresse plus la parole. Ce qui ne me manque pas : il y a des silences qui font du bien.

⋆

Mais tout cela n'était qu'un tout petit souci à côté de ce qui allait m'arriver.

Un jour, coup de fil pendant l'émission : Faye Dunaway désirait me rencontrer. La star de *Bonnie and Clyde*, de *L'Affaire Thomas Crown* et des *Yeux de Laura Mars*, rien que cela. Je n'en revenais pas. Un vrai groupie, direz-vous ? Non, juste un homme qui n'a pas perdu le pouvoir de s'émerveiller.

Personne ne savait qu'elle était sur la Côte d'Azur : dans la plus grande discrétion, elle avait en effet loué une maison pour elle et son fils Liam.

On se donne donc rendez-vous le lendemain. Elle arrive en espadrilles, jupe gitane, chapeau de paille, grosses lunettes noires, grand sac en osier en bandoulière – très tropézienne, finalement. Dans un français plus que correct, elle me dit avec sa voix douce :

— Je sais que vous recevez tout le monde, j'aimerais faire votre émission avec Michèle Morgan et Gérard Oury que j'admire énormément.

J'appelle chez eux. Gérard Oury accepte, Michèle Morgan, toujours discrète, préfère ne pas venir. Je n'ai pas le temps de lui annoncer la nouvelle que Faye Dunaway m'appelle à mon hôtel, le Mas de Bellevue – où Odette, la patronne, n'en revenait pas d'avoir toutes ces stars au téléphone –, pour me proposer d'aller déjeuner.

Nous allons au Club 55, la plage la plus sélecte, où je lui présente notamment Olivier Picasso, le petit-fils du peintre, dont elle connaît parfaitement la vie et l'œuvre.

— Tu connais tout le monde ici, me dit-elle. Qui faut-il connaître ?

*

Nous venions d'entrer dans le vif du sujet.

Faye Dunaway, dont la renommée était déclinante aux États-Unis, était en fait venue en France dans le but de compléter son carnet d'adresses afin de trouver de l'argent pour un projet qui lui tenait à cœur : jouer sur scène puis à l'écran *Master Class*, une pièce sur Maria Callas, dont elle avait acquis les droits. Sa grande obsession était de rencontrer François Pinault, espérant que le milliardaire se lance dans l'aventure. Grâce à Régine, elle put dîner avec lui, mais il ne donna pas suite à ses espoirs.

En quelques jours, nous devenons intimes. Nous allons de déjeuner en dîner. Très ami avec Christian Courtin, de Clarins, je la convie à plusieurs reprises à passer l'après-midi sur son yacht.

Un jour, on croise une cigarette jaune : Johnny et Adeline.

— Qui c'est ?

En quelques mots, je lui explique. Elle veut les rencontrer. En pleine mer, je les rejoins à la nage et leur explique que je suis avec Faye Dunaway. Ni une ni deux, Johnny plonge pour venir sur notre bateau. L'actrice a tout de suite capté son magnétisme, tandis que lui est resté très petit garçon devant elle. Il l'a invitée à la Lorada le soir même, où nous avons dîné sous le porche, à la lumière des bougies. Johnny, toujours ravi de rencontrer les mythes du cinéma contemporain, demanda à faire une photo à ses côtés – le cliché est toujours dans son bureau...

*

Un soir, nous décidons d'aller voir Christian Vadim qui joue une pièce de Musset au festival de Ramatuelle. Dans ce genre de soirée, les Américaines ont l'habitude de vous tenir la main : pour elles, c'est un geste innocent qui ne prête pas à conséquence. Mais nous sommes en France : quand les photographes nous voient arriver, bras dessus, bras dessous, ils flairent la bonne histoire. Et, dans cet été dépourvu de coup d'éclat médiatique, ils ont peut-être, enfin, trouvé quelque chose à se mettre sous la dent.

Le lendemain, nous reprenons le bateau de Christian Courtin. Le skipper – plus tard, je saurai que c'est lui qui nous a « vendus » – nous conduit dans une crique à l'abri des regards. Sauf que des paparazzi se sont cachés dans les arbres : des flashes crépitent.

— Tiens, il y a des photographes, remarque Faye, qui a l'œil à tout. Va savoir ce qu'ils vont raconter.

Je n'imaginais pas un instant ce qu'ils allaient, effectivement, raconter.

Le mercredi soir, lors d'un dîner chez le producteur Gilbert Coullier et sa femme, la délicieuse

Nicole, le journaliste Marc Francelet, toujours bien informé, lance à la cantonade :

— Demain, Bernard sera dans *Paris-Match* avec « sa » Faye.

Sur le moment, je ne veux surtout pas en savoir plus. Mais, le lendemain, je file aux aurores sur le port pour acheter le magazine, dont la pile est encore à peine déballée.

Stupeur : on présente mon amitié avec Faye comme la *love story* de l'été et on ajoute que « notre play-boy n'est peut-être pas hostile à une romance un peu médiatisée ».

Le poids des mots, mais pas tout à fait le choc des photos : aucune image compromettante avec Faye : je me contente, sur l'une d'elles, de l'embrasser sur la joue.

⋆

En revanche, je vais découvrir le choc des ragots.

Tout le monde, à Saint-Tropez, s'est déchaîné contre moi, persuadé que j'avais monté le coup pour me faire de la pub. Bernard Montiel, l'ami des stars, était devenu celui qui les manipule. Celui qui profite d'elles. Un homme sans foi ni loi, prêt à tout pour se faire mousser.

J'étais mal à l'aise, blessé, dépassé par la situation, stupéfait d'avoir, soudain, déclenché tant d'hostilité.

Peu de gens ont cru en ma bonne foi. Même Régine, dont la fidélité ne s'était jamais démentie, m'a déclaré :

— Allez, à moi, tu peux le dire. Tu l'as fait exprès et tu as bien réussi ton coup puisqu'on ne parle plus que de toi.

À part qu'on ne parlait pas de moi comme je l'aurais souhaité...

*

Au début, Faye l'a plutôt bien pris.

— Mes copines vont être vertes de jalousie.

Mais, après avoir vu que le texte parlait d'elle comme d'une « alcoolo repentie », elle n'a pas manqué de consulter un avocat pour savoir combien elle pourrait gagner en cas de procès. Pas énormément, lui a-t-il dit. Finalement, elle n'a pas attaqué...

En fait, toute cette histoire l'arrangeait bien, car elle lui permettait de détourner l'attention d'une autre histoire, aussi secrète que bien réelle, celle-ci. Je m'étais fait manipuler dans tous les sens du terme.

*

Quelques hivers plus tard, de passage à Los Angeles, je suis allé la voir sur scène jouer, magnifiquement, *Master Class* – en revanche, elle n'a jamais réussi à financer le film.

Je garde d'elle le souvenir d'une femme intelligente, cultivée, mais calculatrice, adorable quand elle veut séduire, mais méprisante quand on ne l'intéresse pas – ou, plus exactement, quand on ne lui sert à rien.

J'avais eu la chance de lui être utile : je lui avais ouvert les portes de Saint-Tropez.

Cette affaire m'avait néanmoins laissé un goût amer. Quand on fait une connerie, on se doit de l'assumer, mais, là, je n'étais responsable de rien. On s'était servi de moi pour vendre du papier.

De nouveau, je me sentais rejeté. Et cette méprise me renvoyait à quelques-unes de mes humiliations d'enfant.

Plus grave, j'ai traîné cette histoire comme un boulet pendant des années.

J'avais cru faire partie d'un monde, et je venais de découvrir que ce n'était qu'une illusion.

⋆

L'année suivante, j'ai décliné l'offre de reprendre l'émission de Radio Saint-Tropez. Olivier Minne m'a remplacé. Il avait prévenu qu'il n'avait pas mon carnet d'adresses : cela s'est vu...

Cet été-là, je ne suis pas allé à Saint-Tropez.

Chapitre 32

Hiver à Saint-Tropez

C'est Adeline qui m'a réconcilié avec Saint-Tropez.

★

Après son deuxième divorce avec Johnny, puisqu'ils ont été mariés deux fois, je suis resté proche d'elle. Dès notre première rencontre, j'avais été séduit par son visage angélique, sa jeunesse, son innocence, bref, sa fraîcheur. Je ne m'étais pas trompé : c'est une femme sincère, entière, généreuse, pas intéressée.

Elle aussi a subi le rejet : quand elle n'a plus été la femme de Johnny, elle a connu les promesses non tenues et les portes qui se ferment parce qu'elle n'intéressait plus personne. Si, durant sa vie commune avec Johnny, elle n'avait jamais été dupe de l'importance qu'on lui accordait, le constater n'est quand même jamais facile à vivre.

Désormais, elle a trouvé l'amour avec Sergio. Ils forment un couple idéal, physiquement et moralement. Ils ont l'un des plus beaux bébés du monde, et leur maison a tout pour plaire. C'est une véritable arche de Noé : ils vivent entourés de son scottish-terrier noir, de ses deux furets et de ses sept perroquets. Une vraie maison du bonheur...

Elle semble apaisée, alors que je l'avais connue plus nerveuse, toujours à la limite d'exploser quand elle était avec Johnny.

⋆

Grâce à elle, j'ai donc renoué avec Saint-Tropez mais... l'hiver !

Adeline, qui, dans la série *Sous le soleil*, sa deuxième expérience de comédienne après *Les Filles d'à côté*, avait entendu dire que les producteurs cherchaient des *guest-stars*. Aussi avait-elle aussitôt suggéré mon nom, ce que je me suis empressé d'accepter.

Pour des raisons logistiques, le tournage se déroulait en basse saison : impossible en effet de réquisitionner une plage durant tout l'été. Du coup, le producteur de la série, fils du créateur de Pierre et Vacances, en profitait pour loger l'équipe à peu de frais, les résidences de son père étant, l'hiver, désertées par les touristes. Qu'importe que les acteurs soient obligés de jouer en t-shirt ou maillot de bains alors qu'un pull serait le bienvenu : cela ne fait-il pas une sérieuse économie sur les frais généraux ?

Mon rôle était celui de Patrick Saint-Val, un acteur de cinéma play-boy qui allait passer ses vacances à Saint-Tropez. Je faisais une arrivée très star à jet-ski et tombais amoureux de la patronne de la plage, jouée par Mallaury Nataf, alors vedette de la série. Au départ, nous avions des rapports tendus, mais elle finissait par céder, avant de me larguer, ayant compris que je n'étais pas quelqu'un de fiable sur le plan sentimental. C'était l'intrigue... Lorsque je suis arrivé sur le plateau, le metteur en scène, Éric Summer, m'a accueilli cordialement. Comme il a tout de suite pu constater que je connaissais bien mon texte, il s'est aussitôt montré des plus aimable. Mais je sentais par ailleurs une sourde hostilité à mon égard.

De toute évidence, aux yeux de l'équipe, je passais pour le pistonné de TF1.

Pis, j'avais entendu dire que Roméo Sarfati, la vedette masculine, avait fait signifier *via* son agent qu'il refusait d'avoir la moindre scène avec moi. La production s'était exécutée et avait ajusté le scénario en conséquence. De plus, quand il apprit qu'on m'avait attribué un duplex alors que je n'avais rien demandé, il a saccagé son studio de colère, ce qui lui a valu d'apparaître, le lendemain, la main bandée. Pour quelqu'un comme moi qui ne demande qu'à être accepté, intégré, c'était un crève-cœur. J'ai dès lors fait celui qui ne savait rien. Je ne cherchais ni à le conquérir ni à l'agacer. J'essayais juste de me comporter de la manière la plus naturelle possible.

Ma prestation ayant été appréciée, les producteurs m'ont demandé de revenir. Mon rôle a évolué : on m'a inventé une mère, interprétée par Corinne Marchand, que j'avais adorée dans *Cléo de 5 à 7* d'Agnès Varda. Au total, j'ai dû participer à une dizaine d'épisodes. Suffisamment pour que le Roméo en question découvre que je n'étais pas celui qu'il croyait. Ayant appris que je savais ce qu'il avait fait, il est même venu s'excuser. Sans doute avait-il un peu honte... Et, depuis, nous sommes devenus copains.

Tous les soirs, avec Adeline, nous nous retrouvions pour répéter mes scènes. Elle m'a beaucoup aidé, bien plus que Mallaury Nataf qui était la star. Parfois, nous allions déjeuner dans des petits restos. L'hiver, loin de la frime et des folies, Saint-Tropez dégage un charme très particulier. C'est vraiment une ville qui se gagne.

Dans l'évolution de mon rôle, à un moment, je tombais amoureux du personnage d'Adeline. Le jour de notre dernière scène ensemble, je lui ai dit que j'allais l'embrasser pour de vrai. Elle ne m'a pas cru. Je l'ai fait. J'en ai été quitte pour un bain dans la piscine glacée...

⋆

Avant cette expérience dans un sitcom à la mode TF1, j'avais joué un journaliste dans *La Véridique Histoire de Madame Petlet*, avec Maïté et Jean-Pierre Darroussin, de Camille de Casabianca, et un commissaire-priseur qui procédait à la vente du Christ dans *La Belle Histoire* de Claude Lelouch, scène hélas coupée au montage.

Tout comme j'avais accepté d'enregistrer une chanson pour voir l'autre facette du métier d'interprète, j'ai toujours eu envie de mieux comprendre le mystère du métier de comédien. Depuis, j'ai réédité l'expérience. Claude Lelouch, encore lui, m'a proposé une participation dans *And now ladies and gentleman*. Il m'a confié le rôle d'un agent d'entretien du Palais Jamai, le palace de Fez, ce qui ne manque pas de sel quand on sait que j'ai organisé plusieurs événements *people* dans cet hôtel géré par le groupe Accor. Une occasion supplémentaire de voir à quel point il sait voler des moments de vérité, mais aussi la chance de passer une semaine de rêve à observer Patricia Kaas, Claudia Cardinale et Jeremy Irons au travail. J'ai également tourné dans un court-métrage de Sarah Lévy et j'espère qu'elle pourra monter le film qu'elle prépare, l'histoire d'un truand agité de la gâchette, comme on en rencontre dans les films de Tarantino, persuadé qu'un animateur télé est son père – je serais le père en question.

Je sais que je ne suis pas un bon acteur – je connais mes limites, je ne me fais aucune illusion. Mais, quand on me voit à l'écran, je ne sonne pas faux, je passe – ce qui n'est déjà pas mal. Avec du travail, peut-être pourrais-je faire mieux. Mais les vrais comédiens m'inspirent trop de respect pour que j'aille les affronter sur leur terrain. Jouer la comédie est un métier qui nécessite de nombreux sacrifices, et je n'y suis pas prêt. Si je devais en faire, je les ferais pour la télévision.

Chacun sa place... même s'il ne faut jamais fermer la porte à l'imprévu.

Chapitre 33

Vidéo-Gag

Depuis quelques années déjà, j'animais *Vidéo-Gag*.

Sans imaginer que cette émission allait devenir ma prison.

Ma cage dorée même...

*

Tout avait commencé durant l'été 1989.

J'étais en vacances, à Los Angeles, chez mon grand ami Georges Cibaud, dit Jojo, l'ancien patron de la boutique MicMac de Saint-Tropez, qui habite désormais sur la colline de Beverly Hills : « Qui vit comme ça ? », aime-t-il répéter en montrant du doigt sa piscine, les palmiers, le soleil et sa vue imprenable sur L.A.

Un jour, en regardant la télévision, je tombe sur *America's Funniest Home Video*.

L'émission, présentée par un acteur de sitcom au sourire inoxydable, Bob Saget, repose sur un principe épatant : la diffusion de vidéos amateurs évoquant des scènes familiales cocasses. La bretelle de la robe de mariée qui se défait au mauvais moment. La nappe qui prend feu. L'arbre de Noël qui s'écroule sur la belle-mère. Le gamin qui tombe de sa voiture électrique. Le chien qui fait ses besoins là où il ne faut pas.

L'univers de Laurel et Hardy adapté à l'ère du Caméscope...

Aucun doute, il se passe quelque chose. C'est drôle, convivial et, surtout, totalement nouveau.

*

De retour en France, j'en parle à Dominique Cantien qui m'annonce que, justement, TF1 étudie la possibilité de racheter le concept. Car, comme vous le savez sans doute, la plupart des émissions diffusées à la télévision française sont des adaptations de formats américains. Quand une formule a fait ses preuves ailleurs, pourquoi ne pas l'importer ? En termes économiques, ça s'appelle réduire la part de risque. Et puis, il faut bien le reconnaître, les Américains savent s'y prendre pour inventer des émissions qui marchent. En matière de télévision commerciale, ils ont toujours de sérieuses longueurs d'avance...

— Il paraît que tu connais l'émission américaine, on aimerait que tu la présentes en France car tu as le profil idéal !

*

Restait à savoir si l'émission allait prendre chez nous : en effet, le phénomène de la vidéo amateur débutait à peine, alors qu'il était déjà fermement implanté aux Etats-Unis où les Américains ont pris l'habitude de filmer la moindre réunion de famille depuis la glorieuse époque du Super 8.

Les dirigeants de TF1, qui ne perdent jamais le nord, virent tout de suite le parti qu'ils pouvaient tirer de pareille situation. Ils en ont profité pour faire sponsoriser le programme par des fabricants de Caméscope. Au début, à chaque émission, j'expliquais le maniement de l'engin – ce qui ne manque pas de piquant quand on sait que je n'en ai jamais utilisé de ma vie, j'aurais eu l'impression de travailler même au repos. De plus, je n'ai jamais eu la moindre envie de voir la vie à travers l'œilleton d'une caméra...

Une chose est sûre, le Caméscope est entré dans les foyers français : quand nous avons commencé, 100 % des gags provenaient des États-Unis ou du Japon. Aujourd'hui, il existe une sorte de banque internationale dans laquelle les quatre-vingts pays qui relaient l'émission peuvent puiser ce qu'ils veulent. En France, quand j'ai quitté *Vidéo-Gag*, la moitié des séquences diffusées provenaient de cassettes qui nous avaient été directement envoyées.

★

La première série d'enregistrements me laissa catastrophé.

Le producteur, Jean Bardin, une ancienne figure de l'ORTF, est un homme délicieux. Il ne manquait ni de brio ni d'humour pour présider le jury qui récompensait, chaque semaine, le gag le plus drôle. En revanche, les textes écrits par Jean-Paul Rouland semblaient, eux, d'une autre époque. Ils étaient ampoulés et compassés. Leur côté « chère petite madame » ne me convenant pas du tout, je n'arrivais même pas à me les approprier. Dans ma bouche, ils sonnaient faux : à mon âge, on ne parlait pas comme ca. Le choc des générations...

Je trouvais le résultat tellement médiocre – ma prestation comprise – qu'à la fin de l'été j'annonçai à Dominique Cantien mon souhait d'arrêter au plus vite. Refus catégorique.

— Pas question, cette émission te va comme un gant. Ne t'inquiète pas, on va changer l'équipe de production.

Que pouvais-je faire sinon céder ? Je lui suggérai néanmoins de partager la présentation avec une femme mais, dans ces années-là, la télévision étant encore sexiste, rares étaient les animatrices de pur divertissement.

Dominique a alors eu l'idée de faire appel à Alexandre Debanne, l'une des valeurs montantes de M6, où il animait une émission musicale. Cela tombait bien, il était prêt à rejoindre TF1. En bonus, on lui promit aussi de présenter *Disney Parade* – Foucault, qui l'assurait, était de plus en plus considéré comme vieillot par Dominique Cantien, mais il refusera jusqu'au bout de céder la place. Pour emporter le morceau, on fit même miroiter à Debanne la possibilité d'animer une émission d'aventures. En omettant juste de lui rappeler que Nicolas Hulot occupait la place, et bien.

Dopée par une nouvelle équipe – Laurent Baffie, jeune débutant, écrira même les textes des plateaux –, l'émission rencontra de plus en plus l'intérêt du public : n'était-ce pas l'une des premières fois où des anonymes avaient accès à la télévision ? Chaque cassette était l'occasion d'entrer dans leur intimité, une carte postale sur leur manière de vivre.

Une forme de télé-réalité avant l'heure...

*

Tout de suite, avec Alexandre Debanne, nous nous sommes parfaitement entendus. Mieux : il nous arrivait souvent de dîner ensemble, ce qui est rare entre collègues de travail dans ce milieu où règnent la rivalité et l'égocentrisme.

C'est un garçon sympathique et dynamique, intègre et pas carriériste pour un sou. Il ne se prend pas la tête. Au contraire. Nous partagions le même regard sur l'émission, mais aussi sur le monde du petit écran. Ni lui ni moi n'étions dupes de quoi que ce soit. Il est vrai que la télévision n'a jamais été toute notre vie : lui était un fou de sport, moi de cinéma, et en commun nous avions aussi la même passion pour les voyages.

Pour résumer, nous n'étions, pas plus l'un que l'autre, dans le moule.

*

Je vous ai parlé d'un duo avec Alexandre Debanne. En fait, j'aurais dû parler d'un trio. Car, bien vite, mon chien Farouk est venu mettre son grain de sel.

Un vidéo-gag a lui tout seul...

Chapitre 34

Histoire de famille

Patrick Roy reste une énigme. Un cas d'école. Boudé par les médias de son vivant quand il animait, notamment, *Une famille en or* sur TF1, il a connu la gloire après sa tragique disparition. Les journaux qui, jusque-là, lui refusaient leur couverture se battirent pour parler de lui, recueillir les confidences de ses proches et publier des photos inédites.

Comment la presse avait-elle pu passer à côté de sa popularité ? Sa condescendance teintée de mépris pour les animateurs de jeux lui avait fait manquer un homme qui avait su conquérir le cœur des téléspectateurs par sa simplicité, sa chaleur, sa discrétion et son sourire. Il était vrai, et le public ne s'était pas trompé sur lui.

Lorsqu'il est tombé malade, personne n'imaginait la gravité de son état de santé. Dans quelques semaines, c'était évident, il serait de retour : il n'avait même pas quarante ans...

Il n'est hélas jamais revenu à l'antenne : son cancer l'a foudroyé en quelques semaines.

*

La proposition de Xavier Couture, directeur de l'antenne de TF1, de le remplacer était donc une simple mission d'intérim.

Montiel Manpower.

Une vraie marque de confiance car *Une famille en or* était l'un des grands succès de la chaîne. Deux familles de cinq personnes s'y affrontaient en répondant à des questions qui ne reposaient par sur des vérités mais sur des sondages. Pour vous donner un exemple, on ne demandait pas : « Que faut-il faire en cas d'incendie », mais : « Que font les gens si le feu se déclare chez eux ? »

Jusque-là, j'avais toujours réussi à échapper aux jeux, mais c'était une bonne occasion de découvrir cet autre univers. À commencer par ses cadences infernales : on enregistrait six émissions par jour, six jours de suite. Trente-six en une semaine ! Si, pendant les sessions de tournage, vous êtes enrhumé trois jours, vous avez le nez pris trois semaines à l'antenne !

*

Lors du premier enregistrement, j'ai senti comme un rejet de la part de l'équipe.

Depuis le temps, j'ai appris à gérer ce genre de situation : je sais que ma bonne humeur naturelle est ma meilleure arme.

En fait, cette fois-ci, il n'y avait pas d'hostilité à mon égard, juste de la méfiance de la part d'une équipe traumatisée. Patrick avait su tisser des liens amicaux avec ses collaborateurs : je n'ai jamais vu animateur plus apprécié par son entourage. Tout le monde l'adorait.

*

Après sa disparition, j'ai continué à le remplacer, mais je ne voulais pas faire une saison de plus, de peur de me laisser enfermer dans cet emploi. Je présentais chaque semaine *Vidéo-Gag* et je n'aspirais qu'à retrouver un magazine avec des invités.

TF1 a alors engagé Laurent Cabrol, avant de se rendre compte qu'il avait tendance à endormir l'émission, dixit la chaîne. Comme quoi il ne suffit pas de faire la pluie et le beau temps...

— Écoute, Bernard, me dit alors Xavier Couture, *Une famille en or* marchait très bien quand tu l'as reprise. L'équipe t'adore. Reprends-la, ça nous dépanne.

Je me revois lui demander :

— C'est tout ce que vous avez à me proposer ?

De toute évidence, c'était la seule opportunité.

La productrice de l'émission ayant, elle aussi, insisté, j'ai cédé.

— Je le fais pour un an, point final.

Cette fois, je m'y suis tenu.

*

La saison suivante, l'émission a été reprise par Pascal Brunner. Mais, trois mois plus tard, elle était rayée de la grille des programmes – et Pascal Brunner atomisé.

D'une certaine manière, TF1 avait bien réussi son coup. La chaîne n'avait pas engagé l'imitateur pour ses qualités propres, mais pour affaiblir la concurrence, son émission sur France 3 ayant le malheur de marcher un peu trop bien.

C'est aussi cela, la dure loi du PAF : on vous fait croire qu'on vous aime, alors que vous n'êtes qu'un pion au milieu d'un gigantesque jeu d'échecs. Il n'y a pas de place pour les sentiments dans cette partie. De Laurent Petitguillaume à Éric Galliano, vrais espoirs calcinés pour avoir voulu côtoyer de trop près le soleil de TF1, combien d'animateurs ont-ils été détruits de la sorte ? Même si certains rebondissent, tel Olivier Minne sur France 2.

Dans la corbeille de mariée, histoire de l'aguicher, TF1 avait également promis à Pascal Brunner un *prime time*, *Chéri, chéries*, une sorte de *Bachelor* avant l'heure. Je sais que, dans un premier temps, les producteurs avaient d'abord avancé mon nom, mais j'avais été recusé par les hauts dirigeants : il fallait faire de la place pour le nouveau venu.

Vu les piètres scores réalisés par l'émission – le dernier numéro n'a jamais été diffusé et dort dans les tiroirs de TF1 –, je ne regrette rien...

Chapitre 35

Avaler des couleuvres

Enfin comblé !

Quand on m'a proposé d'animer *Écho de star*, j'étais aux anges. Un magazine *people* sur la vie des stars, je ne pouvais rêver mieux.

De plus, j'étais entouré de brillants chroniqueurs : le spécialiste des têtes couronnées Stéphane Bern, l'impertinent spécialiste des stars Henry-Jean Servat et la très décalée princesse Hermine de Clermont-Tonnerre. L'émission, conçue sous la houlette de Dominique Cantien, était produite par Hervé Chabalier pour Capa, ce qui était un gage de qualité.

Je me sentais comme un poisson dans l'eau, mais le succès d'une émission n'est pas forcément lié au plaisir qu'on y prend.

Au bout de la première saison, les chiffres d'audience étaient corrects, mais sans plus. On n'avait pas démérité, mais pas non plus totalement trouvé nos marques. Peut-être la formule n'était-elle pas bonne ? Peut-être étions-nous trop en avance sur la vague *people* qui allait déferler sur la presse magazine ?

*

Qu'importent les explications : dans pareille situation, le premier coupable est toujours l'animateur, même s'il n'a jamais eu son mot à dire dans l'élaboration de l'émission.

Un jour, Dominique Cantien m'appelle donc pour me prévenir :

— TF1 veut te remplacer.

Exit aussi Hermine de Clermont-Tonnerre.

L'histoire bégayait après l'arrêt de *La une est à vous*.

À la télévision, on ne sait jamais ni le pourquoi ni le comment des choses : télé, ton univers impitoyable. Impossible d'obtenir une raison. On vous évince d'une émission qui vous plaît ? Ne protestez surtout pas, sinon vous passerez pour une forte tête. Or, c'est bien connu, tout animateur soucieux de son avenir doit suivre un régime alimentaire pour le moins particulier : avaler des couleuvres.

Quelque temps plus tard, Étienne Mougeotte a fini par me lâcher une explication vaseuse :

— On a fait un sondage, les gens n'ont pas

envie de te voir dans un tel programme. Ils te trouvent moins sympathique.

Vrai ? Faux ? Je n'ai jamais su. Je sortais à ce moment-là de mes émissions à Radio Saint-Tropez. S'il y avait un animateur associé à la vie des stars, c'était bien moi...

Je l'ai pris comme un affront.

*

Pour prendre ma suite, TF1 a engagé le chanteur Philippe Lavil. Avec un argument de guingois : pour parler de la vie des stars, il fallait une star.

Comme si, pour parler de sport, il fallait un sportif.

De toute manière, si sympathique soit-il, il n'a pas suffi à Philippe Lavil de taper sur les bambous pour faire exploser l'audimat.

Quelques mois plus tard, l'émission n'avait toujours pas trouvé son rythme. Cette fois, la production a été confiée à Jean-Louis Remilleux, qui n'avait pas encore créé Match-TV. Grâce à un concept revu et corrigé, *Célébrités* a connu une jolie carrière avec aux commandes Alexandra Bronkers puis Carole Rousseau...

Chapitre 36

Alexandre Debanne

Bloody Sunday ! Ce dimanche de 1996, c'était la fête des Pères, et, justement, Alexandre Debanne allait rejoindre le sien.

Une route dans la campagne française, un virage un peu trop serré, Alexandre dérape et s'encastre dans le rail de sécurité.

J'étais à Sainte-Maxime, chez David Ginola, en train de réaliser un reportage pour un grand hebdomadaire, quand j'ai appris la nouvelle.

Durant les premières heures, son état est jugé critique, pour ne pas dire désespéré. Ses jambes sont menacées, peut-être va-t-il falloir l'amputer. La catastrophe absolue.

*

De retour à Paris, j'essaie de le voir. Impossible, Alexandre est en chambre stérile à la Pitié-Salpêtrière, dans le service du Pr Saillant, le grand spécialiste de la chirurgie traumatologique. Quelques jours plus tard, Fabrice Collaro, l'un de ses amis les plus proches, m'appelle : on peut enfin lui rendre visite.

Rendez-vous dans un bar en face de l'hôpital. Alexandre Delperrier, un autre de ses copains, nous rejoint, suivi par Véronika Loubry, son ancienne fiancée, déposée par un play-boy que j'identifie aussitôt comme un champion de planche à voile.

Au moment où nous prenons le chemin du service de réanimation, des photographes bardés de téléobjectifs surgissent des arbustes.

— Elle a amené ses paparazzi, comme d'habitude, lâche Delperrier.

Alexandre Debanne et Véronika ne s'étaient pas séparés dans les meilleurs termes, mais elle a dû se sentir investie d'une mission : veuve éplorée...

*

Dans sa chambre, Alexandre est toujours dans le coma. Entouré d'écrans de contrôle, il ne semble relié à la vie que par les tuyaux qui lui sortent de partout.

Son corps d'athlète, gonflé d'ecchymoses, a une bizarre couleur mauve.

Étrange impression d'être non pas en présence de son copain, mais d'un clone. Malaise.

Dans les heures suivantes, je n'ai pas été capable d'articuler le moindre mot. Comme si une chape de plomb s'était abattue sur moi.

*

Animé d'une rage de vivre exceptionnelle, Alexandre est parvenu à prendre le dessus. Sa convalescence a été un long combat, solitaire et admirable, dont il est sorti plus fort qu'avant. Comme tous ceux qui ont frôlé la mort, il profite de la vie à fond. Passionné de sports mécaniques, sur mer comme sur circuit, il ne manque jamais une occasion de se dépasser : c'est ainsi qu'il a pulvérisé le record du tour de Corse à jet-ski en cinq heures, cinquante-trois minutes et vingt-quatre secondes.

Un modèle de courage.

À l'occasion de son accident, j'ai pu constater à quel point, dans l'esprit du public, nous étions pleinement associés. Combien de fois ne m'a-t-on pas en effet demandé :

— Comment allez-vous ?

*

Dans les semaines qui ont suivi l'accident, Alexandre Delperrier a, dit-on, appelé Étienne Mougeotte :

— Alexandre Debanne souhaiterait que je le

remplace durant son absence. Comme cela, je lui garderai sa place bien au chaud.

Pourquoi ne pas le croire puisqu'il s'était toujours présenté comme son meilleur ami ?

Et puis Delperrier, qui avait débuté à NRJ, venait de faire ses débuts sur TF1 en animant un jeu pour enfants, *Les Copains en or*. Il faisait donc, lui aussi, partie de la « famille ».

Va donc pour Delperrier...

Au début, j'ai vu en lui un remplaçant, aimable, jeune dans tous les sens du terme, c'est-à-dire un peu trop excité. J'allais vite comprendre qui il est vraiment...

*

À sa sortie de l'hôpital, Alexandre Debanne est transféré dans un centre de rééducation à Hossegor. Pour lui, les épreuves continuent.

Je profite d'un week-end à Bordeaux afin de lui rendre visite. De toute évidence, il a retrouvé le moral. D'emblée, il me lance :

— Comment se fait-il que Delperrier me remplace ?

— Ce n'est pas toi qui as suggéré son nom ?

— Mais non ! Pas du tout.

Qui croire ?

*

En quelques semaines, Alexandre Delperrier a pris de l'assurance. Sachant qu'il avait peu de temps pour convaincre, il chercha à tout prix à se faire remarquer. Son truc favori consistait, alors que nos plateaux étaient écrits à la virgule près, à rajouter une plaisanterie ou une grimace à la fin de chacune de nos interventions – pour avoir le dernier mot et... la dernière image.

Les acteurs ont une expression pour désigner cette pratique : tirer la couverture à soi.

De son côté, Alexandre Debanne ne décolérait pas. Cloué sur son lit d'hôpital, il n'avait pu empêcher les choses de lui échapper, mais il avait bien l'intention de reprendre la main.

— Je réglerai mes comptes, me répétait-il.

Un jour, il m'appela :

— On va lui faire peur. Fais-lui croire que je veux revenir.

Il n'en avait pas la moindre intention, espérant bénéficier de l'élan de sympathie suscité par son accident pour rebondir de manière différente, mais l'essentiel était que Delperrier le croie. Je m'exécutai donc un jour d'enregistrement.

— Tu sais que Debanne va beaucoup mieux. Il va sans doute reprendre sa place d'ici un mois ou deux.

Je le vis changer de couleur.

— Ah bon ? reprit-il. Mais j'aime beaucoup travailler avec toi, l'émission me plaît, j'ai trouvé mes marques, il ne peut pas revenir comme ça.

Je lui fis remarquer que Debanne était son copain, mais il resta tendu comme un arc.

Par la suite, on m'a rapporté dans les couloirs de

TF1, qu'il n'aurait pas hésité à appeler Mougeotte pour lui dire qu'il voulait rester.

Une médisance ?

⋆

Les promesses n'engagent que ceux qui veulent les entendre : quand Debanne était en convalescence, TF1 lui a tout promis – à commencer par une série policière dont il aurait été le héros récurrent – avant de tout oublier.

Connaissant son rêve d'être comédien, je l'ai branché quelques mois plus tard sur *Boeing-Boeing*. On m'avait proposé d'interpréter cette pièce de Marc Camoletti qui tient l'affiche depuis plus de quarante ans, mais autant j'apprécie de jouer devant une caméra, autant je ne me sentais pas de me retrouver chaque jour au théâtre. Peur de m'ennuyer à faire la même chose tous les soirs. Et puis, il aurait fallu que je renonce à rentrer au Pyla le week-end, or je ne me voyais pas vissé à Paris.

Debanne a accepté de jouer le rôle et s'est montré excellent. Ensuite, il est remonté sur les planches pour jouer un autre vaudeville, *Les portes claquent*, en compagnie d'un autre animateur reconverti en acteur, Thierry Beccaro.

Dans les coulisses, ils avaient de quoi méditer sur la vanité, la lâcheté et la traîtrise d'une partie des gens de télé...

Chapitre 37

Olivia, mon regret

Plus les années passaient, plus la situation d'Alexandre Delperrier était chancelante : les sondages internes ne lui étaient guère favorables, mais, l'audience de l'émission restant excellente, son cas n'était pas la priorité des dirigeants de TF1.

Néanmoins, dans les couloirs, on commençait à le dire menacé.

Mortifié par ces rumeurs, il a préféré saisir la première opportunité venue pour s'en aller.

Cela ne lui a pas porté chance : le jeu qu'il présenta par la suite sur M6 a été arrêté au bout de quelques semaines seulement.

Aujourd'hui, il officie sur RMC Infos. Où, dit-on, il ne fait pas l'unanimité.

Même Jean-Marc Morandini, le jour de notre fameuse émission, m'avait dit :

— Tu as dû souffrir avec lui ! Moi, j'ai failli lui casser la gueule.

*

Pour le remplacer, c'était évident, il fallait une femme. Histoire d'ajouter du glamour à l'humour.

Lors d'une réunion de travail, le producteur de l'émission, Frank Marty, me cita le nom de Sophie Thalmann.

Nous nous étions croisés, et je connaissais son désir de faire de la télévision pour rester sous les feux de la rampe. Néanmoins, je lâchai :

— Elle est plus grande que moi, ça ne sera pas joli à l'image.

Frank n'insista pas. Lui non plus n'était pas convaincu. C'était une idée de TF1 qui l'avait sous contrat, mais ne savait plus quoi en faire – comme ils ne savent pas quoi faire, en ce moment, de Jean-Pascal. De toute façon, c'est la chaîne qui aura le dernier mot.

Deux autres Miss France ont aussi posé leur candidature.

— Et que dirais-tu d'Olivia Adriacco ?

— Elle, ce serait top !

On déjeune tous les trois à L'Avenue, l'une des cantines du petit landernau télévisuel, et le courant passe aussitôt. Je la découvre très naturelle, vierge d'*a priori*, pas pourrie par la télé.

— Souvent, je regarde l'émission avec ma fille, nous dit-elle avec une touchante simplicité.

Je n'aurais jamais cru qu'elle allait accepter car, à l'époque, elle présentait un magazine beauté sur M6 et une émission d'entretiens sur Téva. Comme partenaire, je ne pouvais rêver mieux.

Dès que la nouvelle commença à s'ébruiter, Delperrier appela Olivia pour me casser du sucre sur le dos :

— Méfie-toi de Montiel, il a mauvais caractère, il est starissime. De toute façon, cette émission, ce serait très mauvais pour ton image...

*

Après plus de dix années de succès, il était temps de donner un coup de fouet à l'émission : nous en avons profité pour changer d'auteur et de décor. L'arrivée d'Olivia m'a redonné la pêche : c'est une femme pleine d'humour qui ne se prend pas la tête, dotée d'un vrai caractère de mec. Elle n'est pas « gnagna » pour un sou. À part pour ses cheveux : il lui faut deux heures pour obtenir ce coiffé-décoiffé qui fait tout le charme de sa crinière.

Du coup, comme avec Alexandre Debanne, nous nous sommes beaucoup vus hors des tournages. Nous sommes allés ensemble à plusieurs soirées, je l'ai invitée à Tozeur où j'avais organisé un week-end avec l'office du tourisme tunisien et le groupe Accor.

Olivia sur un chameau : un épisode qui aurait trouvé sans problème sa place dans *Vidéo-Gag* !

Un jour, elle m'a profondément ému : nous participions à une séquence adoption de *30 Millions d'amis*. Devant deux chiens abandonnés qui cherchaient un maître, elle s'est naturellement mise à pleurer. Il n'y avait plus de maquillage qui tienne, plus de vedette de télé, juste une femme qui s'était laissé envahir par ses sentiments.

En fait, la seule chose que je regrette dans *Vidéo-Gag*, c'est elle et l'équipe.

Chapitre 38

Télé sous Cellophane

Treize années...

En me remémorant les treize années que j'ai passées à la barre de *Vidéo-Gag*, je réalise à quel point l'émission a été en perpétuel renouvellement. On a essayé plusieurs formules, avec ou sans invité. Le public s'étant toujours montré au rendez-vous, on nous a baladés dans la grille comme une rustine qui boucherait les trous d'audience. Samedi matin, samedi après-midi, dimanche après-midi, nous avons fait toutes les cases.

À un moment, on a même été programmé en quotidienne, juste avant le journal télévisé, ce qui n'était pas pour déplaire à PPDA.

— Cela draine bien l'audience, m'avait-il complimenté.

Le dimanche, en fin d'après-midi, l'émission naviguait aux alentours de quatre millions de téléspectateurs, soit de 42 à 44 % de part de marché, comme disent les financiers.

Très au-dessus, donc, de la moyenne générale de la chaîne.

*

Mais nos excellents scores étaient accueillis dans l'indifférence la plus absolue – comme si c'était « normal ».

Jamais un coup de fil de la chaîne.

— Si Mougeotte ne t'appelle pas, c'est que tout va bien, me disait-on pour me rassurer. Le jour où il t'appellera, ce sera mauvais signe.

Le jour où il m'a appelé, c'était effectivement très mauvais signe...

*

Que dire des enregistrements de *Vidéo-Gag*, sinon qu'ils se déroulaient dans une certaine routine, comme c'est le cas de toutes les émissions qui ont trouvé leur vitesse de croisière ?

En général, on tournait huit émissions en deux jours. Nous arrivions le matin vers 9 heures. Maquillage, répétitions pour vérifier les lumières, le son, les déplacements, premier tournage à 11 heures, pause déjeuner. On enchaînait ensuite trois émissions dans l'après-midi. Il nous est arrivé d'en faire cinq dans la même journée, mais trop, c'est trop, et à un moment on se robotise, le programme devenant seulement une mécanique, bien huilée certes, mais sans la moindre fantaisie. Le comble pour une émission d'humour.

Soyons francs : pour un animateur, *Vidéo-Gag* n'a rien d'enrichissant – sauf le cachet qui me comblait. Quand j'ai commencé à présenter l'émission, elle m'était deux fois mieux payée que *La une est à vous*. Depuis, je n'ai jamais été augmenté, mais j'aurais été malvenu de me plaindre...

On a acheté ma conscience et, plus encore, mes rêves. Et, comme il n'y a pas d'acheteur sans vendeur, je me suis vendu – je le reconnais.

⋆

Pour un animateur formé à l'école du direct et de l'interview, comme c'est mon cas, *Vidéo-Gag* relève du carcan. Impossible d'imposer la moindre touche personnelle : les textes sont écrits à la virgule près. Si vous êtes tenté d'improviser ou d'ajouter un commentaire, c'est peine perdue : vous serez irrémédiablement coupé au montage car l'émission est archichronométrée.

Finalement, la seule qualité qu'on vous demande, c'est de savoir lire un prompteur en gardant le sourire.

Cette manière de faire de la télévision me rappelle la nourriture sous Cellophane. Bonne à consommer, mais aseptisée. Sans odeur ni saveur.

*

De plus, je n'étais pas le moins du monde impliqué dans la fabrication de l'émission. Excepté la réunion préparatoire, où nous relisions les textes avec les auteurs, je n'avais pas voix au chapitre. Jamais je n'ai visionné les séquences de gags dont les commentaires étaient dits par deux comédiens épatants, Évelyne Grandjean et François Jérôme. Je les découvrais durant l'enregistrement pour garder une certaine fraîcheur. Quoique, à ce moment-là, mon esprit fût en général accaparé par toutes sortes de problèmes techniques. Il fallait changer de place dans le studio, vérifier l'éclairage, subir un raccord maquillage, relire mon texte une dernière fois.

Pour être franc, je n'ai jamais souhaité avoir la moindre responsabilité dans cette émission. Si plaisante soit-elle, je n'ai jamais voulu qu'elle devienne, d'une manière ou d'une autre, ma priorité. Elle grignotait déjà assez mon image.

*

Il y a un gag qui me fait éclater de rire chaque fois que je le revois : une femme bronze sur un rocher. Soudain, une vague la renverse, mais elle reste accrochée au rocher par son maillot de bains. Vous ne pouvez pas le manquer : il figure désormais dans le générique de l'émission.

On me demande souvent si les gags sont préparés. De toute évidence, certains sont scénarisés : nos réalisateurs du dimanche ont prévu une chute – dans tous les sens du terme. Mais cela reste une infime minorité : à peine 10 % des cassettes reçues. La grande majorité laisse la part belle à l'inattendu : avec les bébés ou les animaux, par exemple, impossible de tricher.

⋆

Difficile, donc, de se renouveler dans une telle émission.

L'arrivée d'Olivia Adriacco nous a donné, à tous, un nouveau souffle, mais je n'avais plus le feu sacré.

Loin de moi l'idée de critiquer le programme. Et encore moins les gens qui le regardent : durant toutes ces années où je n'avais plus la foi, la reconnaissance du public a été mon meilleur soutien, ma principale motivation pour continuer.

S'il y avait quelque chose, ou plutôt quelqu'un à critiquer, c'était moi.

J'en ai conscience, à la fin, je n'étais plus « bon ». Le plus incroyable est que personne ne m'ait jamais fait la moindre remarque pour me dire d'être plus gai, plus vif, plus enjoué, plus délirant ou plus *punchy*. Bref, d'y croire davantage. J'aurais bien aimé, cela aurait voulu dire qu'on s'intéressait encore à nous. Mais c'est à peine si TF1 nous déléguait une directrice artistique durant les enregistrements comme c'est la coutume : parfois, elle venait papoter à la pause déjeuner car elle aimait bien l'ambiance, mais elle repartait aussitôt. Tout « roulait », à quoi bon s'attarder ?

De plus, j'étais pris dans un piège terrible pour un homme qui vit de son image : j'avais de plus en plus de mal à défendre la mienne. Les dirigeants de TF1 m'ayant oublié, la presse n'avait plus rien à raconter sur l'émission faute de nouveauté. Finies les doubles pages avec photos et interviews, nous devions nous contenter des échos. Le pire, c'étaient tous ces gens, mes amis en tête, qui, partant d'une bonne intention, me répétaient sans cesse : « Tu pourrais faire mieux. » Bien sûr que je les comprenais, je partageais même leurs reproches. J'aurais tellement aimé faire mieux. Mais on ne m'en donnait pas l'occasion. À la fin, j'étais presque gêné qu'on me parle de l'émission, comme si j'en avais honte.

Je me sentais mourir à petit feu.

*

Et puis est arrivée ma collaboration avec TMC et son directeur des programmes, Gérald-Brice Viret.

Pour cette chaîne diffusée notamment sur le câble, j'avais tourné, au moment de l'« affaire », deux *48 Heures à...*, l'un avec Mireille Darc à Marrakech, l'autre avec Liane Foly à New York. Deux émissions vivantes, vraies, mêlant ma passion des voyages à celle des stars, qui m'ont permis de voir à quel point les dirigeants de TMC étaient enthousiastes et attentionnés. Un autre monde. Je me sentais de nouveau désiré. D'une certaine manière, ils m'ont redonné le goût de la télévision que j'avais, c'est vrai, un peu perdu.

Il y avait trop de décalage entre ce que je venais de vivre sur TMC et ce que je vivais sur TF1 pour que je puisse continuer à faire semblant.

De toute manière, j'avais compris qu'à TF1 on ne me donnerait plus rien. Mon heure était passée. Pour l'instant, je faisais partie des meubles. Mais personne n'est irremplaçable : un jour ou l'autre, on se mettrait en tête de lifter l'émission pour la booster, et je serais la première victime. Sacrifié, sans le moindre état d'âme, sur l'autel du rajeunissement.

En dix-sept ans de TF1, n'en avais-je pas vu des animateurs qu'on enterrait sans fleurs ni couronne, de Christian Morin à Philippe Risoli en passant par Éric Galliano...

Chapitre 39

Face à la pieuvre

En fait, ma situation à TF1 s'est fragilisée le jour où Gérard Louvin a été nommé patron des variétés.

Jusque-là, j'avais eu d'ardents avocats. Ou plutôt d'ardentes avocates qui avaient su créer une relation de confiance. Trois vraies pros, exigeantes et passionnées, mais toujours attentionnées : Pascale Breugnot au début, puis Dominique Cantien et enfin Anne Marcassus que j'avais connue comme attachée de presse de *La une est à vous* et que je considère comme ma petite sœur. Avec elle, j'avais l'impression d'être un homme, pas un produit. Mais, quand cette dernière a quitté la direction des divertissements de la chaîne, je me suis retrouvé sans soutien.

Seul face à la pieuvre qui allait m'engloutir.

*

La situation de Gérard Louvin au sein de TF1 était délirante : en prenant la direction des divertissements, il n'avait pas abandonné pour autant ses fonctions à la tête de sa propre société de production, Glem, qui, il est vrai, ne travaillait que pour TF1. En clair, Louvin se donnait du travail à lui-même... et seulement à quelques autres.

Dès lors, quand il fallait trouver un animateur pour une nouvelle émission, mon nom a commencé à ne plus apparaître. Le meilleur était pour Jean-Pierre Foucault, son grand ami, avec qui il avait réussi *Sacrée Soirée* et que Dominique Cantien avait tout fait pour mettre sur la touche quelques années plus tôt. Le reste, ou presque, était pour Julien Courbet, son chouchou, sa découverte, son obligé – ce qui ne l'a d'ailleurs pas empêché, une fois sa notoriété installée, de le quitter, menace de procès à l'appui.

Humainement, Gérard Louvin n'a jamais été ma tasse de thé. Bien sûr, c'est un excellent professionnel, les scores de ses émissions sont là pour en attester, mais j'ai besoin d'être séduit pour travailler avec quelqu'un. Il me faut être à l'aise, or, avec lui, c'est impossible car on ne sait jamais sur quel pied danser. Homme de cœur, il peut aussi se montrer froid et cynique.

*

Quand il a pris ses fonctions, la moindre des choses aurait été qu'il appelle les animateurs relevant de son domaine afin de les rencontrer. Mais rien. Silence radio. Plusieurs semaines passent, aucun coup de fil. Je m'en étonne lors d'un déjeuner avec Lela Milcic qui, à l'époque, travaillait à ses côtés à la préparation des émissions sur l'élection de Miss France.

— Prenez rendez-vous avec lui.

— C'est à lui de le faire, non ?

— Oui, mais vous le connaissez : il est très star. Il ne fera pas le premier pas.

Lela est une femme de bon conseil. Ayant toujours été là quand il le fallait, j'ai donc demandé à le voir.

Tel un débutant, j'ai sollicité un entretien. Qui me fut accordé quelques jours plus tard.

*

Notre rencontre débuta courtoisement, mais sans chaleur, avant de virer au combat à fleurets à peine mouchetés.

— Ton image, il faudrait que tu arrives à la changer, me dit-il.

— Mon image ? Qu'est-ce qu'elle a, mon image ?

— C'est *Vidéo-Gag*, point. Il faudrait que tu fasses mieux que ça...

— Mais qui distribue les émissions ici ? N'est-ce pas toi le directeur des variétés ? Évidemment que j'aimerais faire une émission plus valorisante. Apparaître dans une émission où tout ce que j'ai à faire, c'est de lire un prompteur, bien sûr qu'il y a mieux !

— La question, c'est de savoir si je vais te donner autre chose.

— À mon avis, tu n'as pas envie de me donner autre chose.

— On verra...

Il l'a prouvé par la suite puisqu'il ne m'a jamais rien confié. Mais quel cynisme ! Quelle désinvolture ! Quel mépris ! À croire qu'il m'avait juste reçu pour me rabaisser.

*

La dernière fois que nous nous sommes croisés, c'était aux obsèques de Guy Lux, quatre mois après mon licenciement de TF1. Quand il m'a aperçu, il a détourné la tête comme si j'avais une maladie honteuse. J'en avais une à ses yeux : je n'étais plus en cour auprès de son patron.

Gérard Louvin, le vassal.

Chapitre 40

Business et Cie

Peut-être aurais-je dû fréquenter davantage les gens de télévision. Sous-entendu : peut-être aurais-je dû me montrer plus rond, plus souple, plus malléable, plus lèche-cul.

Ce n'est pas mon tempérament.

La seule bande dans laquelle j'aurais aimé entrer, c'est celle de Jean-Luc Delarue. Il ne m'a jamais appelé. Moi non plus, direz-vous, mais je compte sur le professionnalisme de chacun. Un animateur a, quelque part, besoin de se sentir désiré. C'est pour cela, par exemple, que je n'ai jamais, lorsque j'étais à TF1, sollicité les autres chaînes : si elles avaient envie de travailler avec moi, elles savaient où me trouver.

À l'époque où les animateurs sont devenus producteurs, peut-être ai-je raté un train en ne devenant pas mon propre patron. Mais j'ai sciemment refusé de le faire. Je n'avais pas envie de participer à cette compétition-là. Sans doute aurais-je gagné beaucoup plus d'argent, mais créer une société, c'est engager du personnel, gérer, diriger, négocier, plier l'échine si besoin. C'est peut-être égoïste, mais je tiens plus que tout à ma liberté. Et puis, si je me suis lancé dans la télévision, c'est pour satisfaire mon besoin d'aller vers les autres et de communiquer, en aucun cas afin d'aligner des chiffres sur un bilan comptable.

*

En fait, je suis un solitaire, dans tous les sens du terme. Et j'en paie le prix fort.

Car, depuis quelques années, il ne suffit plus d'être un animateur bien placé dans les sondages de popularité pour qu'on vous confie une émission intéressante dans un créneau horaire prestigieux.

Fini le temps où l'on vous choisissait parce qu'on avait envie de travailler avec vous.

Aujourd'hui, c'est business et compagnie.

L'avènement des sociétés de production a totalement perverti le système. Il ne s'agit plus de fabriquer des émissions qui marchent, mais de s'assurer le plus gros chiffre d'affaires possible.

À ce petit jeu, Endemol est passée maître. Pour avoir *Star Academy*, programme synonyme de gros taux d'écoute, il faut signer avec Endemol, mais Endemol profite de sa position de force pour obtenir d'autres *prime times*. Ce qui, au passage, lui permet d'amortir au niveau international son impressionnant catalogue de concepts : de la mondialisation adaptée à l'univers de la télé.

⋆

Il faut néanmoins reconnaître que cette évolution correspond aux changements d'habitudes des téléspectateurs. Avec la multiplication des chaînes du câble et du satellite, ces derniers regardent avant tout un concept : l'animateur n'est plus qu'une sorte de papier cadeau. Le petit plus. On l'a vu récemment avec Arthur : sa popularité n'a pas empêché *Nice People* d'être un échec d'audience le samedi, tout simplement parce que le public n'avait pas envie de voir cette émission-là.

Jadis, les contrats étaient liés à une clause d'audience. Mais, aujourd'hui, pour se prémunir contre la versatilité des téléspectateurs, les sociétés de production les plus puissantes réussissent à obtenir des volumes d'affaires garantis. Résultat, si, au bout de deux ou trois numéros, une émission n'atteint pas ses objectifs, on ne cherche plus un remplaçant comme autrefois, on demande à la société en question de revoir sa copie ou d'inventer autre chose. Bref, dès le début de la saison, le gâteau est découpé.

⋆

Bien sûr, il reste toujours quelques cases pour se faufiler : les chaînes se laissent toujours une porte de sortie. Pour tester quelque chose de nouveau. Pour assurer le coup en cas de grosse concurrence.

C'est ainsi que deux ou trois fois par an nous avons eu la chance d'être appelés en renfort pour présenter des *Vidéo-Gag* exceptionnels à 20 h 50. Là, je revivais. Enfin, je retrouvais des invités, enfin, je sortais de la routine, enfin, je renouais avec la sensation d'aller au charbon et de me confronter à un véritable enjeu.

Chaque fois que nous avons été programmés, chaque fois nous avons battu notre concurrent. Du coup, TF1 se servait de nous comme contre-programmation de secours. Un gros coup s'annonçait sur une autre chaîne ? On nous dégainait. C'est ainsi que notre émission prévue pour le soir du 1er janvier s'est retrouvée programmée le 4, face à la spéciale Bruel de France 2, que nous avions terrassée en rassemblant quasiment deux fois plus de téléspectateurs.

Le résultat a toujours été à la hauteur des attentes de la chaîne, mais, comme Starling n'est qu'une société parmi d'autres – son seul autre titre de gloire est de produire depuis quelques années *Le Maillon faible* avec Laurence Boccolini –, on nous traitait comme des moins-que-rien. Avec nous, la chaîne pouvait se venger des rapports de force instaurés par les sociétés de prod les plus puissantes...

Quand on faisait appel à nous, c'était toujours en urgence. Nous étions les pompiers de l'audimat. On nous laissait à peine quinze jours pour préparer l'émission, c'est-à-dire sélectionner les vidéos amateurs, écrire les commentaires, contacter les invités – puisque, dans le cas de ces *prime times*, nous recevions des personnalités –, enregistrer l'émission. Une course contre la montre dont nous sortions gagnants, mais dans quel état de stress ?

Parfois, après nous avoir mis la pression, la chaîne décidait de garder l'émission dans un tiroir pendant plusieurs semaines. Sans nous donner de raison, évidemment. Comme d'habitude.

⋆

Une chose est sûre : depuis mon licenciement, TF1 n'a plus diffusé de *Vidéo-Gag* en *prime time*. Sans doute n'y avait-il pas de case de libre. La chaîne a tellement les pieds et les mains liés à des sociétés comme Endemol qu'elle n'arrive même plus à trouver la place de diffuser une émission qui lui garantirait pourtant une victoire à l'audimat !

Chapitre 41

Permis d'éconduire

De nombreux animateurs de TF1, et non des moindres, font le siège d'Étienne Mougeotte. Tous les prétextes sont bons pour se rappeler à son bon souvenir, pour entretenir le lien, pour faire sa cour.

En général, moi, je le voyais une fois par an.

— Vous, au moins, on ne peut pas dire que vous appelez souvent, me disaient alors ses assistantes.

★

Lorsque Frédéric Lopez a abandonné son magazine de cinéma sur LCI pour animer *Comme au ciné* sur France 2, j'ai tout de suite vu l'opportunité de faire rebondir ma carrière. C'était l'occasion rêvée de casser l'image qu'on m'avait collée depuis *Vidéo-Gag* et aussi un bon moyen de renouer avec ma passion première : le cinéma.

LCI étant la petite sœur de TF1, Étienne Mougeotte en est également le président. Je cherche donc à prendre rendez-vous avec lui, ce que j'obtiens, non sans mal.

Il me reçoit dans son bureau du quatorzième étage de la tour TF1 à Boulogne. À travers les grandes baies vitrées, j'admire le panorama sur la Seine quand il me dit :

— Tu veux boire quelque chose ? Café, Coca ?

Il sait y mettre les formes. De l'art de recevoir pour mieux rejeter : aucun doute, il a son permis d'éconduire. Au fond, il doit être très fort pour embobiner tant de gens depuis tant d'années...

— Ah oui, c'est une bonne idée que tu fasses le cinéma sur LCI. Mais il faut que tu voies Dassier, c'est lui qui décide de ce qui se passe là-bas. Moi, j'ai assez de soucis comme cela à TF1.

*

J'essaie de prendre rendez-vous avec Jean-Claude Dassier, le directeur de LCI, mais, entre les conseils d'administration, ses cours de golf et les réunions surprise, plusieurs semaines passent avant qu'il me reçoive.

À LCI, pour rejoindre son bureau, il faut traverser la salle de rédaction. Silence de mort. Je me dis : si ça marche, il va encore falloir que je me batte pour être accepté. En fait, j'ai juste réveillé une guerre ancestrale qui divise toutes les télévisions depuis des années, celle entre la rédaction et les gens de programmes. Chacun son territoire : les intellos contre les idiots. Je fais partie des seconds, comme vous avez pu le noter...

Jean-Claude Dassier m'accueille courtoisement. Chaleureusement, même.

— Ah oui, bonne idée, que tu reprennes le cinéma.

Mais, presque aussitôt, il change de sujet :

— Tu as toujours ta maison au Pyla ? Moi aussi, je viens de m'y installer...

Je ne suis pas venu pour lui recommander les meilleures adresses, alors je le laisse parler.

Tout d'un coup, il revient à notre sujet de départ :

— Bon, Bernard, tu sais que je t'aime beaucoup, mais ce n'est pas moi qui prends qui les grandes décisions. C'est Mougeotte...

— Il m'a dit que c'était toi !

— Il est gonflé, c'est lui qui a le dernier mot. S'il dit oui, moi, il n'y a pas de problème, je suis d'accord.

Tito et Pipo... le duo comique qui se renvoie la balle. Sauf que, là, on parlait de mon avenir. De ma vie.

Il n'y avait pas besoin d'être grand clerc pour comprendre qu'ils me prenaient tous les deux pour un imbécile, mais, pour moi, cette opportunité sur LCI était une occasion rêvée. J'ai donc ravalé ma fierté et rappelé le bureau d'Étienne Mougeotte. Cette fois-ci, impossible de caler un rendez-vous. Avec les vacances, les séminaires, les réunions pour la nouvelle grille, cela nous reportait après septembre... c'est-à-dire après le choix du remplaçant ! Il a néanmoins consenti à me prendre au téléphone.

— Tu sais, Étienne, j'y tiens beaucoup, à cette émission.

— On te rappelle.

« On » ne m'a jamais rappelé. Même pour me dire que, finalement, « on » avait préféré engager Alain Kruger, ancien rédacteur en chef de *Première*, dont la carrière télévisuelle fut d'ailleurs météorique.

Quelques mois plus tard, j'ai croisé Jean-Claude Dassier dans les rues du Pyla.

— Ça vient d'Étienne, moi, je ne suis qu'un employé, a-t-il tenté de se justifier.

Cet été, nous nous sommes retrouvés au Pyla ensemble à déjeuner chez Cécilia et Nicolas Sarkozy. Il n'en demeure pas moins un homme sympathique...

*

Un ou deux ans plus tard, je sollicite de nouveau un rendez-vous auprès d'Étienne Mougeotte.

Cette fois-ci, je viens lui demander de présenter

30 Millions d'amis. Depuis plusieurs années, l'émission fonctionne sans présentateur, mais Reha Hutin, la productrice, aimerait renouveler la formule. Je ne demande pas mieux : on connaît ma passion pour les animaux. Combien de fois ai-je animé des manifestations organisées par la SPA pour favoriser les adoptions ? Ensemble, nous évoquons la possibilité d'avoir un invité en plateau, une star qui parlerait de ses liens privilégiés avec son animal. Au passage, j'apprends qu'elle aussi à maille à partir avec les dirigeants de TF1. Son émission a beau cartonner, personne ne semble s'intéresser à son cas : nous sommes tous les deux aussi mal lotis !

Cette fois, Étienne Mougeotte répond à plusieurs coups de fil durant notre entretien. C'est mauvais signe : cela signifie tout simplement qu'il me reçoit pour la forme. D'ailleurs, il se montre aussitôt évasif.

— Oui, pourquoi pas, me dit-il après m'avoir écouté, mais ce n'est pas essentiel, non ?

— Pas essentiel, peut-être, mais ça me plairait beaucoup.

— Je dois voir bientôt Reha Hutin, j'évoque le sujet avec elle. Pour le reste, ça va ? Toujours en voyage ? Toujours bronzé ?

Agacé, je lui réponds :

— Si tu me donnais plus de travail, je serais moins souvent en vadrouille.

★

Depuis 1997, le groupe Accor m'a en effet engagé pour l'aider à organiser des événements *people* afin de promouvoir ses nouveaux Sofitel. Un job qui m'a apporté une formidable bouffée d'oxygène parce qu'il me permettait de réunir deux de mes passions, les stars et les voyages, mais, peu à peu, je me suis rendu compte qu'il avait aussi installé la légende selon laquelle je me contentais fort bien de gagner confortablement ma vie en présentant *Vidéo-Gag*, puisque l'émission me laissait le temps de sauter d'un avion à l'autre, d'un palace à l'autre, d'un continent à l'autre.

C'était, certes, l'impression que je donnais. Ou du moins que je voulais donner. Par politesse, par éducation, j'ai toujours fait en sorte de paraître content de mon sort. Mais, dans ce cas précis, quelle autre image pouvais-je offrir puisqu'on ne me proposait rien ?

Ce n'était pas moi qui délaissais TF1, mais TF1 qui me délaissait...

Chapitre 42

La firme

TF1 m'a tout donné, mais tout repris. Elle m'a offert la popularité, la réussite, l'argent, mais elle m'a enfermé dans une émission qui ne me correspondait plus.

Étienne Mougeotte parle d'une « famille ». En fait, dans ce monde, il n'y a jamais d'affectif, il ne faut rien en attendre sur un plan personnel. TF1 est une entreprise comme les autres. Une firme qui fonctionne l'œil rivé sur son cours en Bourse selon des codes sociaux bien établis.

Quand vous ne faites pas partie des ténors, ceux que l'on cajole de peur de les voir fuir vers la concurrence, tous les moyens sont bons pour vous faire comprendre que la chaîne ne vous doit rien, mais que vous lui devez tout. TF1, le royaume de l'humiliation feutrée.

*

Le meilleur exemple de ce système vexatoire est la traditionnelle conférence de presse de rentrée durant laquelle est dévoilée la nouvelle grille.

Un véritable rituel.

Tous les animateurs sont priés d'être présents : nous recevons tous une lettre circulaire. Au cas où le message ne serait pas totalement passé, les attachées de presse nous harcèlent pour vérifier que nous serons là. Comme des petits soldats au garde-à-vous devant le général Mougeotte.

Il faut s'appeler Lagaf' pour s'offrir le luxe de sécher cette grand-messe : il reste indifférent aux dirigeants de TF1 pour lesquels il n'existe pas. Mais ses formidables taux d'écoute dans une tranche stratégique lui servent de mot d'excuse.

Une fois, j'avais préféré rester au Pyla. Quelques jours plus tard, « ils » avaient appelé Frank Marty, le producteur de *Vidéo-Gag*.

— Comment se fait-il qu'il n'était pas là, Montiel ? Il n'est pas solidaire ?

J'étais pour le moins étonné qu'« ils » se soient rendu compte de mon absence.

Car, ce jour-là, nous ne sommes pas tous logés à la même enseigne, loin de là.

Il y a ceux qui sont placés et les... autres ! Les premiers ont leur nom collé sur une chaise. Or cela n'a jamais été mon cas.

— Mettez-vous où vous voulez, me disait-on quand j'arrivais.

Sous-entendu : à moi de me débrouiller pour

trouver une place décente car, bien sûr, tout le monde, les collaborateurs de la chaîne comme les journalistes, observe l'endroit où vous êtes installé.

De même, il y a ceux dont on parle et les autres. Ceux qui ont le droit de parler et ceux qui doivent se contenter d'écouter. Inutile de vous dire qu'Étienne Mougeotte ne parlait jamais de *Vidéo-Gag*. Quand Olivia est venue nous rejoindre, je l'ai appelé, la veille, pour lui dire de ne pas nous oublier, puisque, cette année, nous avions du nouveau à annoncer.

Pour une fois, il a eu la bonté de nous passer le micro quelques instants.

*

Autre exemple de ces petits riens qui en disent beaucoup, le programme du 31 décembre. Le soir du réveillon du nouvel an, dans *120 Minutes de bonheur*, l'émission d'Arthur, les animateurs de la chaîne viennent présenter leurs vœux aux téléspectateurs. L'ordre de passage est hautement symbolique de votre position dans la chaîne. Une sorte de tableau d'honneur cathodique. Si le succès jamais démenti de *Vidéo-Gag* m'a toujours assuré d'être programmé avant minuit, l'an passé, Pascal Bataille et Laurent Fontaine n'étaient toujours pas passés, eux, à 1 heure du matin. Blessés, ils ont fini par partir...

*

Avec les boîtes de prod extérieures, vous faites partie de TF1... sans en faire partie.

Vous avez beau être à l'antenne depuis dix-sept ans, sans interruption, même l'été, quand vous avez un rendez-vous au siège de la chaîne, vous devez prévenir afin qu'on vous réserve une place au parking... visiteurs.

À peine arrivé dans le hall d'entrée, vous êtes prié de vous présenter à l'accueil comme n'importe quel quidam.

— Bonjour, monsieur Montiel, qui venez-vous voir ?

Avant de vous laisser entrer, la réceptionniste appelle le bureau de la personne à qui vous rendez visite.

Pour la prévenir ? Ou pour s'assurer que vous ne cherchez pas à monter dans les étages dans le but de voler les rames de papier et les rouleaux de Scotch ?

On a beau être endurci, blindé, à ce moment-là, devant tant de dédain, on aimerait que la notoriété apporte quelques passe-droits...

C'est à peine si on ne me demandait pas ma pièce d'identité.

Jamais, je n'ai eu le badge d'accès.

Au moins, on n'a pas eu à me le retirer...

*

La firme

Mon histoire d'amour avec TF1 ne pouvait donc pas se terminer dans la douceur.

Ces dernières années, j'avais accumulé trop de rancœurs.

Il fallait qu'elles explosent...

Épilogue

Les dirigeants de TF1 m'ont viré comme un malpropre parce que j'avais rué dans les brancards et à un moment où ils avaient l'impression que je ne pouvais plus rien leur apporter. Mais, s'ils avaient le sentiment que je peux leur rapporter quelque chose, ils n'hésiteraient pas à me reprendre. Comme ils ont repris à une époque Nagui qui ne s'était pas privé de les critiquer. Comme ils ont engagé Cauet qui ne manquait jamais une occasion, dans son émission de Fun Radio, de dénigrer leurs programmes.

Vu la violence de notre rupture, je pensais être « blacklisté » pendant un certain temps, mais je n'ai pas eu à attendre longtemps avant qu'ils ne me fassent un appel du pied.

*

Le mercredi suivant mon retour du festival de Cannes 2003, mon portable sonne en fin de journée.

Alexia Laroche-Joubert, la grande patronne des programmes de *real-TV* chez Endemol.

Vient-elle prendre de mes nouvelles ? Nous avons toujours des relations cordiales depuis l'époque où elle dirigeait l'émission *Exclusif*.

— Bernard, tu vas être très surpris. Ne dis rien à personne, on veut te faire rentrer dans *Nice people*.

Est-ce un mauvais gag ? J'ai du mal à prendre au sérieux sa proposition. Que cherche-t-elle vraiment ?

Je lui demande :

— Tu en as parlé à Mougeotte ?

— On lui en a parlé, il n'a pas dit non.

Ce qui veut dire qu'il était d'accord...

Oublié son sermon sur la *famiglia* !

Alexia Laroche-Joubert évoque alors la somme de 35 000 euros pour rester enfermé une semaine dans la villa. De toute évidence, l'argent n'est pas un problème. C'était à négocier, comme on dit.

*

Au fond de moi, il était clair que je n'avais pas la moindre envie de répondre de manière positive. Mais je souhaitais savoir où TF1 voulait en venir. J'ai donc chargé mon fidèle avocat de mener la négociation. Il a bien sûr commencé par faire monter les enchères. Son but consistait à savoir quelles étaient les intentions de la chaîne : peut-être s'agissait-il d'une manière de solder à l'amiable notre différend. Erreur : dès le départ, ils ont été clairs sur ce point, ce n'était pas le cas. Chacun restait sur ses positions. Pour le reste, tout était ouvert.

— 35 000 euros, c'est mince, fit remarquer mon avocat.

Sans se faire prier, ils ont proposé 50 000 euros. Ils semblaient prêts à aller jusqu'à 80 000 euros, une partie étant réglée par Endemol, l'autre par TF1.

Même Étienne Mougeotte est intervenu pour tenter de me faire céder. Il ne comprenait pas que cette proposition ne me transporte pas de joie.

— On lui tend la main, et il la refuse, a-t-il dit, navré, à mon avocat.

Une main tendue ? Pour me remettre à flot ? Ou pour me noyer ?

Sur le coup, j'ai été troublé. Presque touché – depuis le temps, j'aurais dû apprendre à m'endurcir.

Mais, au bout de quelques secondes, je me suis repris : s'ils m'avaient contacté, ce n'était pas pour mes beaux yeux, ni pour se faire pardonner une extrême rudesse. C'était juste par intérêt. TF1 voulait simplement s'offrir un bon « coup ». Récupérer un peu de l'intérêt médiatique suscité par mon affaire : en quelques semaines, j'étais devenu très tendance. Le franc-parler qu'on m'avait reproché avait des chances de devenir un atout :

peut-être parviendrais-je à réveiller une émission de plus en plus boudée.

Et puis, soyons franc, ça les arrangeait d'autant mieux que personne ne voulait y aller, dans cette villa. À tel point qu'ils ont fini par y remettre celle que les téléspectateurs avaient chassée quelques semaines plus tôt : Elena, la sulfureuse Russe mytho.

★

La somme était belle. Tentante. Trop : ce n'était qu'une affaire d'argent.

Seulement voilà : à quarante-six ans, je n'ai pas envie d'aller à la soupe.

Plus envie.

S'offrir le luxe de refuser 50 000 euros quand vous n'avez plus de rentrées régulières, c'est cela, la liberté. Le prix de la liberté.

J'avais retrouvé ma dignité, ce n'était pas pour la brader. J'aurais eu l'impression de renier tout ce que j'avais dit ces derniers mois.

Non, je n'avais pas fait tout ça pour ça.

Crédits photographiques

Page 1 : © Collection privée de l'auteur.
Pages 2 et 3 : © Collection privée de l'auteur.
Pages 4 et 5 : © Collection privée de l'auteur.
Pages 6 et 7 : © Collection privée de l'auteur.
Pages 8 et 9 : © Collection privée de l'auteur.
Pages 10 à 13 : © D.R.
Pages 14 et 15 : © Michel Marizy.
© D.R.
© D.R.
© D.R.
© Jérôme Prébois, *Télé-Loisirs*.
© D.R.
© Daniel Angeli et Frédéric Garcia, Agence Angeli.
© D.R.
Pages 16 et 17 : © D.R.
Pages 18 et 19 : © D.R.
© D.R.
© Jérôme Prébois, *Télé-Loisirs*.
Pages 20 et 21 : © D.R.
Pages 22 et 23 : © Daniel Angeli et Frédéric Garcia, Agence Angeli.
© D.R.

Télé-Réalités

Pages 24 et 25 : © Pascal Saura, Agence Sipa Press.
© Benaroch, Agence Sipa Press.
© D.R.
© Manuelle Toussaint, Agence Starface.
© D.R.
© D.R.
© D.R.
© Mario Gurrieri.
Pages 26 et 27 : © D.R.
© Benaroch, Agence Sipa Press.
© Riclaffe, Agence Sipa Press.
Pages 28 et 29 : © Manuelle Toussaint, Agence Starface.
© D.R.
© D.R.
© D.R.
© Mario Gurrieri.
Pages 30 et 31 : © D.R.
© J. Lazic, Agence Sipa Press.
© Christophe Lartige, Agence Sipa Press.
© Bernard Mouillon.
© D.R.
© Pinson, Agence Sipa Press.
Page 32 : © Christophe Lartige, Agence Sipa Press.

Table

Troisième partie

Paris

Impression réalisée sur CAMERON par

BUSSIÈRE CAMEDAN IMPRIMERIES

GROUPE CPI

à Saint-Amand-Montrond (Cher)
pour le compte des Éditions Flammarion
en septembre 2003

Composition : Nord Compo

N° d'édition : FF854001. — N° d'impression : 034224/1.
Dépôt légal : septembre 2003.

Imprimé en France